# LA SCULPTURE
# ÉGYPTIENNE

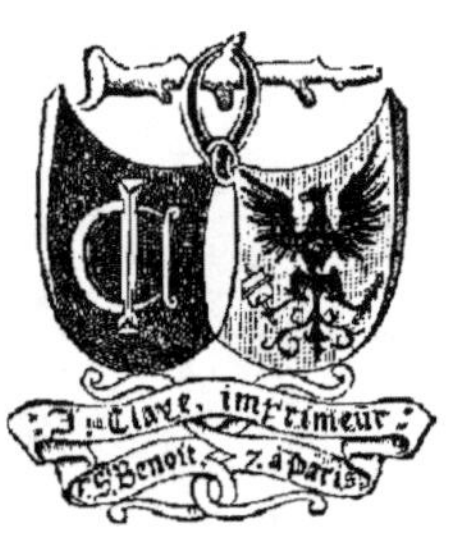
J. Claye, imprimeur
S. Benoit, 7 à Paris

L'ART ET SES PROCÉDÉS DEPUIS L'ANTIQUITÉ

# LA SCULPTURE ÉGYPTIENNE



PAR

ÉMILE SOLDI

Grand Prix de Rome
Président de la section d'Histoire de l'Art à la Société
de Numismatique et d'Archéologie

*EDITION ILLUSTRÉE DE GRAVURES DANS LE TEXTE*

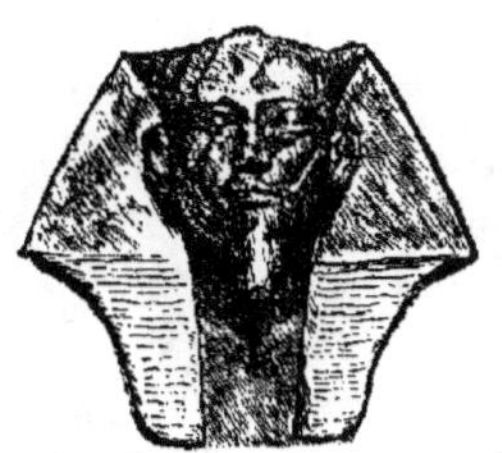

PARIS

ERNEST LEROUX, EDITEUR
28, RUE BONAPARTE, 28

1876

A

# MONSIEUR EUGÈNE GUILLAUME

MEMBRE DE L'INSTITUT

DIRECTEUR DE L'ÉCOLE NATIONALE DES BEAUX-ARTS.

*Monsieur le Directeur,*

*Veuillez accepter la dédicace de ce volume avec la même bienveillance que vous avez toujours montrée pour mes travaux artistiques et archéologiques. Votre nom en tête de cet ouvrage lui donnera, j'en suis certain, un reflet de la noblesse de votre esprit et du caractère élevé de vos œuvres.*

ÉMILE SOLDI.

Paris, le 15 janvier 1876.

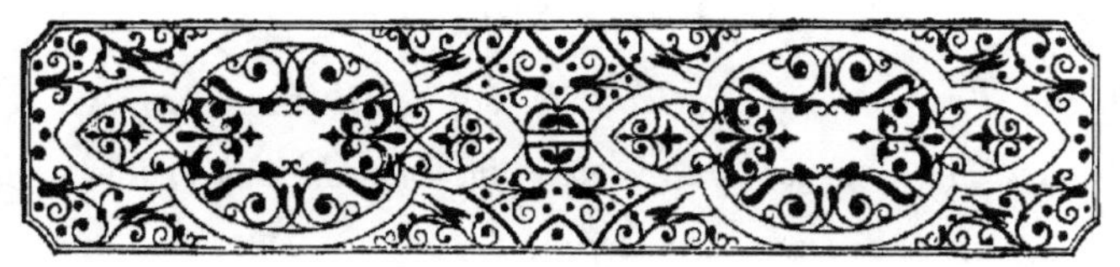

# AVIS DE L'ÉDITEUR.

*Ce volume, ainsi que son faux-titre l'indique, fait partie d'une histoire des arts du dessin, histoire que M. Émile Soldi a l'intention de suivre autant qu'il sera en son pouvoir. L'entreprise pourra paraître bien difficile, surtout quand l'on saura que l'auteur n'y peut consacrer que les heures que la pratique de son art lui laisse disponibles. Aussi nous pensons qu'il peut compter sur la sympathie et la bienveillance de tous ceux qui s'intéressent à l'art et à la science, et croient bon d'encourager dans sa tentative un jeune artiste français cherchant à donner l'opinion d'un praticien dans les grandes questions de l'art, son origine, ses progrès, sa transmission chez les différents peuples, par des études personnelles et non par une nouvelle compilation ou des esthétiques vagues et inféconds.*

*Pour pouvoir arriver à son but, nous avons conseillé à l'auteur de publier, au fur et mesure de ses recherches, chaque partie séparément de manière à ce que, réunies plusieurs ensemble, elles forment des volumes, chacun traitant complétement une question.*

*Quand l'auteur aura atteint le but qu'il s'est proposé, les diverses parties seront reliées par une introduction et une table les classant dans leur ordre définitif.*

*Nous serons obligé aux personnes que cette œuvre intéresse si elles veulent bien dès aujourd'hui s'inscrire pour une ou plusieurs de ces publications.*

*Le prix fixé, ayant pour base celui du volume actuel, ne sera exigible qu'après livraison.*

---

## SOUS PRESSE

### POUR PARAITRE SUCCESSIVEMENT.

N° 2. Les cylindres babyloniens et les instruments de gravure en pierre fine chez les anciens.

3. La sculpture sémitique de l'Égypte et de la Chaldée.
4. Le moulage en plâtre et la fonte du bronze depuis l'antiquité.
5. L'art préhistorique.
6. La gravure en médaille et les modes de fabrication.
7. L'art Khmer et son origine.
8. Les scarabées égyptiens et étrusques.

ETC.

# TABLE DES MATIÈRES

## APPENDICE.



Tous nos remerciements à l'administration du journal hebdomadaire illustré *l'Art*, qui, après avoir publié ce travail dans son magnifique recueil, a bien voulu nous prêter de la manière la plus gracieuse les clichés d'une partie des planches qui se trouvent dans ce volume.

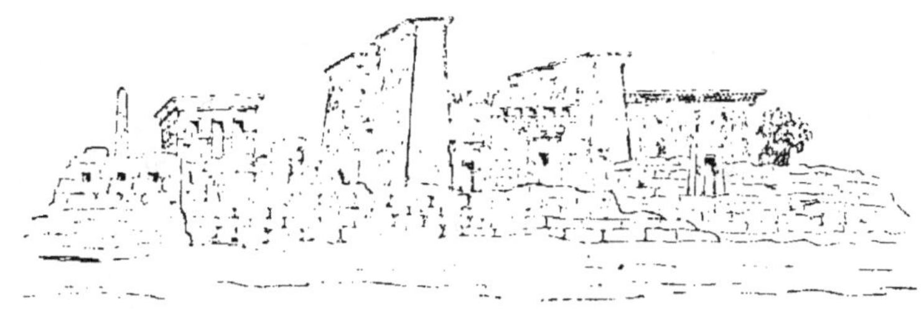

Temple de l'Ile de Philé

# AVANT-PROPOS

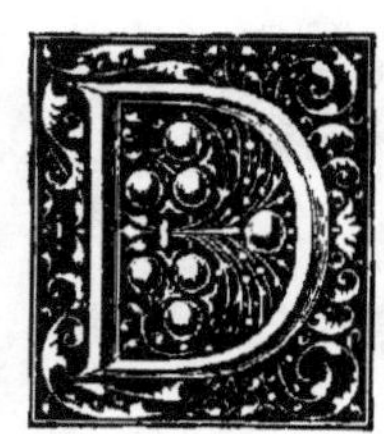

'IMMENSES progrès ont été faits depuis quelques années dans la connaissance de l'ancienne Égypte. Grâce à l'actif déchiffrement des textes hiéroglyphiques, grâce surtout aux fouilles importantes dues à l'intelligente libéralité du vice-roi d'Égypte et à la savante direction de M. Mariette-Bey, l'histoire a reculé de plus de mille années les bornes de ses conquêtes; et des notions exactes ont été acquises sur les mœurs et la vie intime des habitants de la vallée du Nil, aux époques les plus reculées.

En ce qui concerne plus particulièrement la sculpture égyptienne, la science moderne a jeté sur d'anciennes erreurs les plus vives lumières. Avant que les récents travaux des égyptologues eussent victorieusement rétabli les dates, on s'en tenait à l'opinion accréditée par les savants de la grande expédition d'Égypte, lesquels, ne pouvant déchiffrer les hiéroglyphes, avaient naturellement attribué aux époques les plus récentes les sculptures les plus

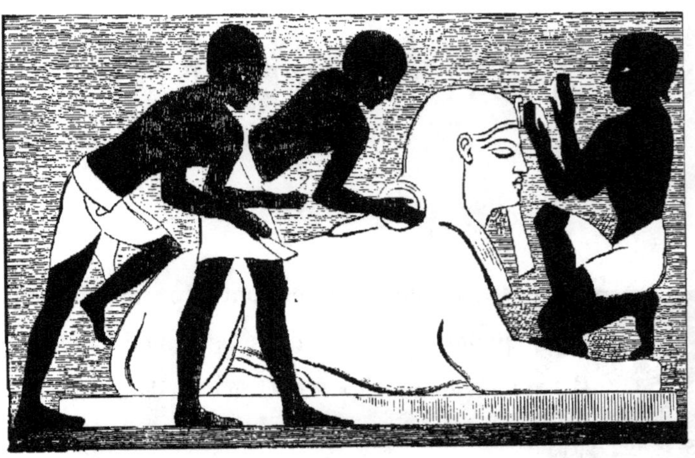

ÉGYPTIENS SCULPTANT ET POLISSANT UN SPHINX.

( Peinture de l'Abasse de Thèbes. )

remarquables. La lecture des inscriptions a enfin démontré que c'était là tout le contraire de la vérité, et les personnes les plus étrangères à la science de Champollion purent de leurs propres yeux s'en convaincre à l'Exposition universelle de 1867. Ce fut en effet la plus curieuse et la plus inattendue des révélations que de voir, dans ce petit temple

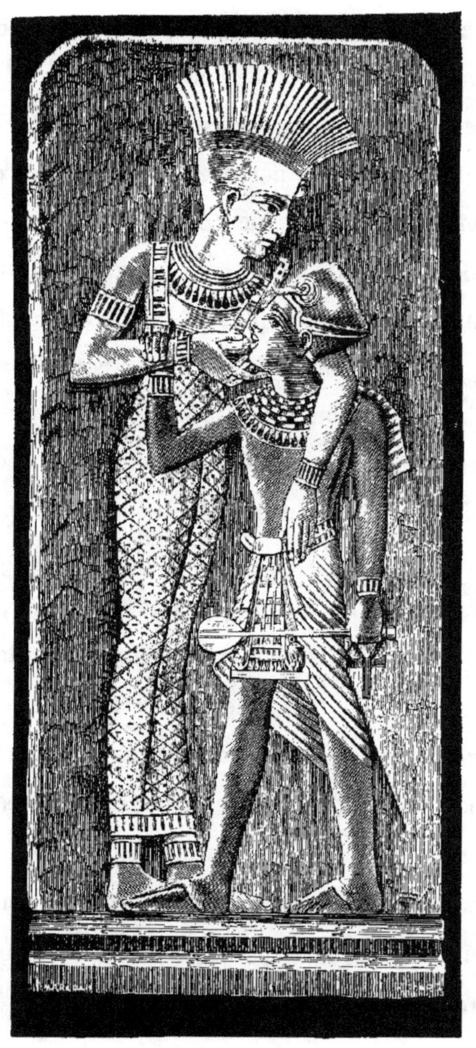

LA DÉESSE ANAUKÉ ET RAMSÈS II.

Bas-relief de la XIXe dynastie.

Talmis.

égyptien où quelques statues résumaient autant d'époques, la sculpture égyptienne d'autant plus belle, d'autant plus libre, d'autant plus complète, qu'elle remontait à des temps plus éloignés de nous et plus voisins de la période antéhistorique. Toutefois, si l'on possède aujourd'hui les éléments d'une chronologie sérieuse de l'art sous les Pharaons, il faut bien reconnaître qu'on en est encore réduit aux hypothèses et aux suppositions plus ou moins vraisemblables à l'égard des procédés employés par les artistes des bords du Nil, et des causes qui ont pu imprimer à la sculpture égyptienne son caractère général ou le modifier à certaines époques. C'est ainsi que quelques savants n'ont pas craint de prêter aux artistes égyptiens des moyens inconnus, fabuleux, des idées mystiques, un sens idéaliste qui, comme nous allons tâcher de le démontrer, sont loin de la réalité.

Nous croyons de notre devoir de déclarer que nous avons trouvé des opinions contradictoires émanant d'autorités ou de personnes d'une haute compétence. Néanmoins, et quoique nous ne soyons pas archéologue, nous pensons que l'opinion d'un praticien, dans les questions d'art, peut être utile et, en cas d'erreur de sa part, amener une rectification définitive.

---

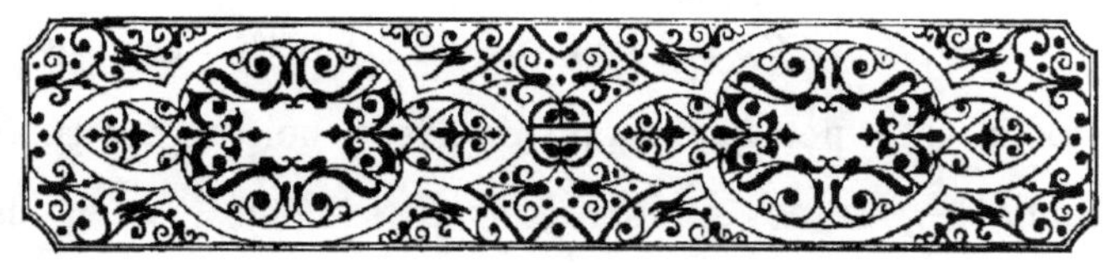

# UN TEXTE
# DE PLATON

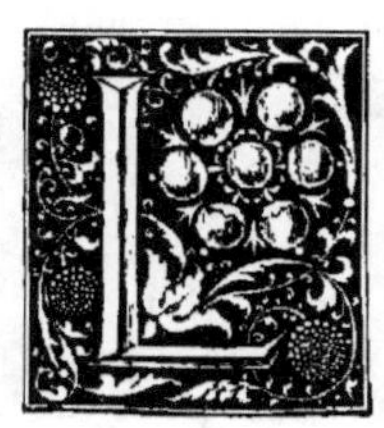

Le caractère général de la sculpture égyptienne, qui s'est maintenu pendant cinq mille ans sans modifications importantes, un texte célèbre des lois de Platon, et la prépondérance de la classe sacerdotale en Égypte, surtout vers la dernière période, ont fait penser que le style égyptien avait été conçu par les prêtres de ce pays et imposé par eux tel quel aux artistes. Cette opinion est devenue un système, et c'est ainsi qu'on a donné à l'art égyptien le nom d'art hiératique.

Le texte de Platon est ainsi conçu :

« Il y a longtemps, à ce qu'il paraît, qu'on a reconnu chez les Egyptiens la vérité de ce que nous disons ici, que, dans chaque état, la jeunesse ne doit employer habituellement que ce qu'il y a de plus parfait en fait de figure et de mélodie. C'est pourquoi, après en avoir choisi et déterminé les modèles, on les expose dans les temples, et il est défendu aux peintres et aux autres artistes qui font des figures et autres ouvrages semblables de rien innover, ni de s'écarter en rien de ce qui a été réglé par les lois du pays; et cette défense subsiste encore aujourd'hui et pour les figures et pour toutes espèces de musique. Et si l'on veut y prendre garde, on trouvera chez eux des ouvrages de peinture et de sculpture faits depuis dix mille ans (quand je dis dix mille ans ce n'est pas, pour ainsi dire, mais à la lettre), qui ne sont ni plus ni moins beaux que ceux d'aujourd'hui et qui ont été travaillés sur les mêmes règles. »

Loin de nous la prétention d'être versé dans les mystères de l'exégèse et de la haute critique ; il nous sera permis cependant d'examiner la valeur de ce texte. On est généralement d'accord aujourd'hui dans la science pour se méfier des assertions des Grecs sur les pays étrangers. Pour l'Égypte principalement, les inscriptions et les monuments ont fait rectifier bien des erreurs qu'ils avaient formulées. Souvent même les voyageurs grecs ne sont pas d'accord entre eux. Hérodote distingue sept classes en Égypte, Diodore n'en distingue que cinq seulement; ces deux écrivains prétendent que les professions y étaient héréditaires, et les inscriptions ont prouvé le contraire. Diodore, qui affirme que la musique était regardée en Égypte comme inutile et dangereuse, est formellement contredit par Strabon et Platon. Ampère a démontré qu'il fallait revenir sur l'expression de caste égyptienne indiquée par les Grecs, et adopter celle de corporations. On pourrait multiplier sans

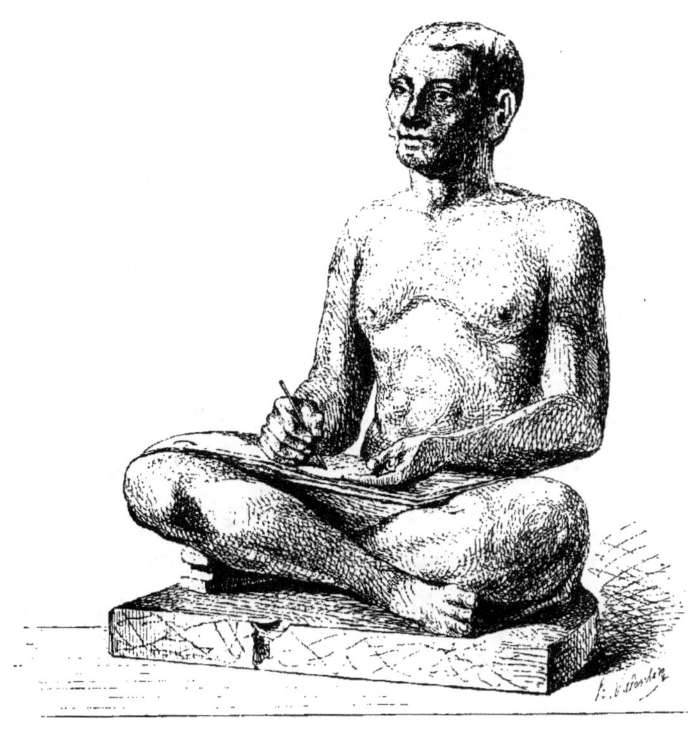

SCRIBE ÉGYPTIEN. — VI^e DYNASTIE.

Musée du Louvre.

fin les exemples de fausses assertions grecques. On nous objectera que Platon aussi, dans sa jeunesse, visita les bords du Nil. Soit; mais on n'est même pas certain que le passage que nous avons cité soit de lui. Nous savons par les témoignages d'Aristote et de Plutarque que le Traité des lois fut écrit pendant les dernières années de ce philosophe et terminé par Philippe d'Opunte, son secrétaire. Quelques critiques ont même prétendu que ce livre était entièrement de la main de ce dernier, fait d'autant plus important que Philippe d'Opunte n'a pas, à ce que nous sachions, voyagé en Égypte. La seconde moitié du passage de Platon, que nous avons cité, avance du reste un fait dont l'inexactitude sautera tout d'abord aux yeux de quiconque a étudié de près la sculpture égyptienne. Dire qu'elle n'a jamais été ni plus ni moins belle, c'est n'avoir jamais comparé les statues de l'ancien empire avec celles du nouveau ; dire que les statues égyptiennes ont toujours été faites d'après les mêmes règles est aussi une erreur manifeste. Nous espérons le démontrer plus tard. Et pourtant nous n'avons que des monuments d'une période de trois mille ans antérieure à Platon ; tandis que celui-ci veut étendre à un espace de dix mille années cette uniformité qu'il proclame.

Maintenant, à l'époque où vivait Platon, existait-il une formule et des lois sculpturales absolues ? Cela est très-possible, probable même. L'Égypte d'alors était en proie aux dominations étrangères, à leur influence et à une grande décadence artistique. Tout le pouvoir était tombé dans les mains des prêtres, et il n'y a rien d'étonnant à ce qu'ils aient créé une sorte de conservatoire de l'art national,

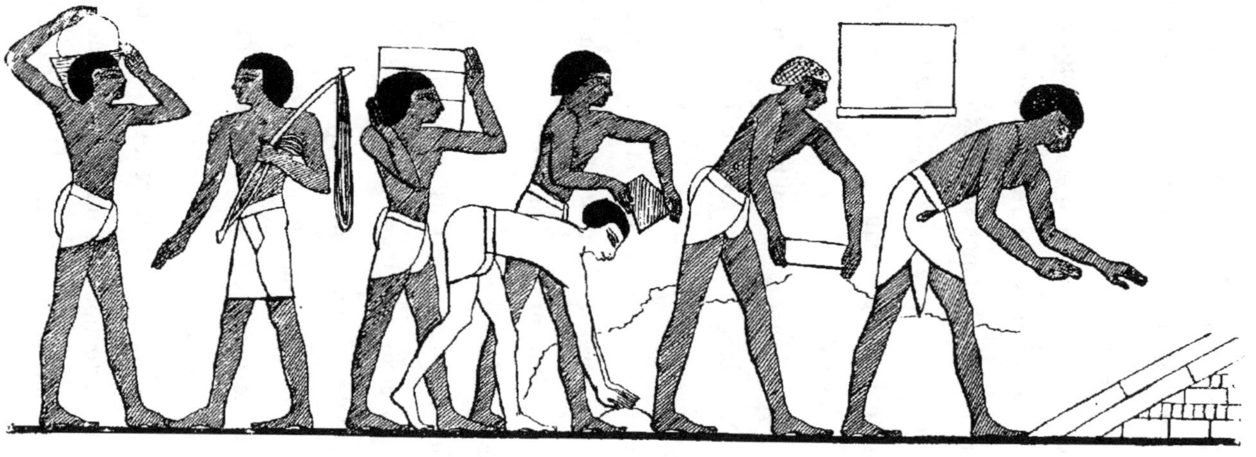

Captifs employés a batir un temple d'Ammon, a Thèbes.

D'après une peinture égyptienne de la XVIIIe dynastie.

moyen qui, en tout cas, fut tout à fait impuissant. Des modèles de sculptures ont pu être déposés dans les temples, pour l'usage des copistes, forcément très-nombreux en Égypte, les procédés de reproduction mécanique et de moulage n'y étant pas connus. Du reste, la répétition uniforme du même type et des mêmes modèles est une chose qui s'est faite à presque toutes les époques, sans qu'on en puisse tirer pour cela des conséquences absolues. Encore aujourd'hui nous avons des images religieuses reproduites par le moulage et recopiées par millions d'exemplaires. Sous le règne de Napoléon III, par exemple, il était défendu de prendre comme représentations officielles du souverain d'autres copies que celles faites sous la surveillance et le contrôle de l'État, d'après les portraits de Winterhalter. On ne peut pas dire cependant que l'art religieux et le goût public aient été enchaînés à cause de cela.

Les meilleurs artistes égyptiens furent naturellement employés par les prêtres, qui leur indiquaient et leur donnaient pour modèles les attributs et symboles les plus importants ; toutefois ces modèles durent nécessairement être renouvelés à mesure que se produisaient des modifications politiques et religieuses. De là un certain mouvement artistique dont nous retrouvons du reste la trace dans les variétés et dans la perfection plus ou moins grande des statues, suivant les temps et les localités. Maintenant, comme nous l'avons dit, l'époque à laquelle Platon a pu visiter l'Égypte n'est pas celle qui offre le plus d'intérêt ; il y voyagea dans un temps de décadence constatée, qui ne peut servir d'exemple pour établir une théorie générale de l'art égyptien. Enfin ce ne sont pas les assertions plus ou moins suspectes des voyageurs grecs qui font loi dans la science ; c'est aujourd'hui l'étude des monuments eux-mêmes.

C'est en les étudiant que nous allons chercher les causes du style particulier de l'art égyptien.

Quelles furent donc les raisons qui poussèrent les sculpteurs de ce pays à choisir cette manière abstraite, sans mouvement et, comme on l'a dit, presque algébrique, d'imiter les formes humaines et animales, si cette timidité sculpturale n'est pas l'unique résultat d'une idée primitive encore obscure et suivie par une tradition hiératique ? Telle est la question à laquelle nous espérons répondre par l'examen des événements, des mœurs, de la vie sociale, ainsi que des procédés de travail des artistes, des matières employées par eux et des motifs qui les leur ont fait choisir.

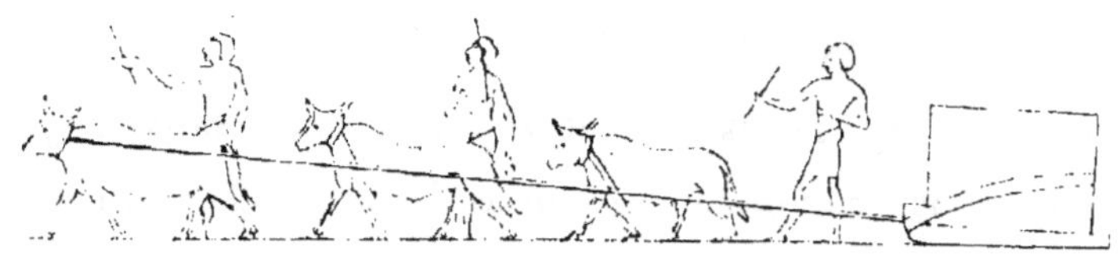

Transport d'une pierre extraite des carrières d'El Masara.

# PROCÉDÉS TECHNIQUES

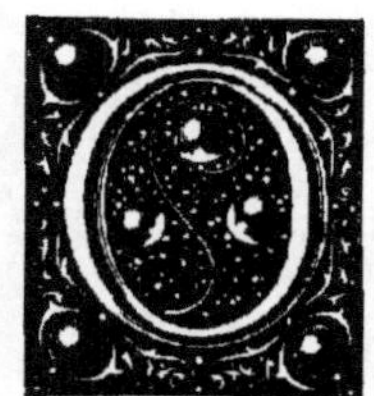

On sait que la doctrine religieuse égyptienne a été fondée de tout temps sur la croyance qu'après la mort l'âme, se détachant du corps, allait subir des épreuves dans les espaces célestes, et que, si elle avait été reconnue vertueuse par le juge des enfers, Osiris, elle devait rejoindre le corps et l'animer d'une vie nouvelle et éternelle. Les âmes reconnues coupables devaient subir au contraire le supplice de la seconde mort. De là, chez les Égyptiens, un immense intérêt à la conservation des dépouilles; de là les rites d'un embaumement qui ne durait pas moins de soixante-dix jours, et la nécessité de déposer le corps, après cette opération, dans des tombeaux à l'abri du temps et des événements.

Tels furent le but et l'origine, aujourd'hui incontestables, des pyramides ou tombes royales, et des sarcophages taillés dans les matières les plus résistantes. On comprend que la peine et le travail ne comptaient pour rien, eu égard à l'importance du but poursuivi; on comprend aussi que, contrairement aux Grecs, qui cherchaient généralement le beau dans des monuments de petite dimension, les Égyptiens aient toujours eu l'esprit tendu vers le colossal. Pour donner une idée du pouvoir royal dont les possesseurs étaient divinisés après la mort, ils croyaient nécessaire de rendre la proportion matérielle, dans leurs représentations sculpturales, égale à la puissance et au prestige dont avaient été investis les modèles qu'ils avaient à reproduire. A cela on peut ajouter l'orgueil des castes dominantes, dont les inscriptions des monuments donnent tant d'exemples, et la protection qu'on attendait des divinités auxquelles étaient élevées des images *éternelles,* suivant l'expression si familière aux Égyptiens. S'il est vrai, comme semblerait l'indiquer la décoration des tombes de l'ancien empire, que le bois ait été primitivement employé, il est à croire qu'on y renonça de bonne heure. D'autre part, la solidité des constructions en bois n'était pas suffisante; les magnifiques carrières de granit, de porphyre, de calcaire et de grès leur offraient, en compensation et à leur portée, les matériaux les plus propres à cette solidité et à cette durée qu'on recherchait avant tout. Le granit surtout obtint la préférence, principalement pour les temples, les tombes et tous les monuments qui devaient traverser l'éternité. Tous les obélisques, les sanctuaires, les colosses qui accompagnaient les obélisques, parfois aussi les plus précieuses stèles historiques, retraçant les mérites du roi ou ses prières aux divinités, étaient taillés dans le granit. Par exception, nous trouvons quelquefois le basalte, et au musée du Louvre nous voyons le colosse de Séti II en grès rouge, matière extrêmement tendre.

C'est peut-être l'unique figure monumentale d'un roi que l'on ait reproduite ainsi; aussi nous offre-t-elle des particularités dont nous parlerons plus loin.

Dans les parties de l'Égypte où l'on ne trouve que des carrières de calcaire et où il y aurait eu de grandes difficultés à surmonter pour amener des matériaux plus beaux et plus durables, les Égyptiens se sont contentés de cette dernière matière; on en trouve de nombreux exemples à Philœ et dans la basse Égypte; mais souvent, et les pyramides en sont un témoignage, le monument a été complétement recouvert ou plaqué en quelque sorte de blocs de granit. Trop rares étaient le basalte, le jaspe, la diorite et la serpentine, pour qu'on les employât communément; on ne s'en servait généralement que pour les objets de petite dimension.

Les matériaux les plus ordinaires étaient les terres non cuites. En général toutes les maisons, les murailles qui entouraient les villes et les monuments, étaient construites avec ces briques. Enfin on constate également l'emploi fréquent du calcaire pour les stèles, les bas-reliefs et les statues, dans les circonstances qui imposaient l'économie qu'offrent ces matières par leur peu de difficulté au travail. Le grès même fut mis en usage à compter du moyen empire, étant probablement recouvert de stuc sur lequel on gravait les inscriptions et les représentations figurées.

C'est le caractère de la jeunesse d'un peuple, comme de celle d'un individu, de ne douter de rien, de tout entreprendre et de réussir en partie par la force même de la volonté. Voilà ce qui explique comment les Égyptiens s'attaquèrent de très-bonne heure à des matières aussi dures et aussi rebelles au travail que le granit, le basalte, la diorite, mais l'on a cru à tort qu'ils en furent vainqueurs ; ce sont principalement ces matériaux qui imposèrent à leurs œuvres une tournure si grandiose, en les forçant à rester dans le caractère architectural, à ne pas sortir de la verticale et de l'horizontale, en leur imprimant cette raideur solennelle, cette simplicité de lignes, cette sobriété de détails qui en font des modèles de grandeur de style et de compréhension sculpturale.

On ne peut nier l'immense influence des procédés et des matériaux sur l'art. « On doit tenir compte dans tout art, a dit justement M. Caro, d'un certain nombre de données premières absolument indispensables ; c'est un minimum de conditions dont le génie même ne dispense pas le poëte ou l'artiste. Macaulay a dit avec raison qu'Homère, réduit au langage d'une tribu sauvage, n'aurait pu se manifester à nous et que Phidias n'aurait pas fait sa *Minerve* avec un tronc d'arbre et une arète de poisson. Aucun art, même le plus intellectuel, ne peut s'affranchir de ces données, que lui fournit la matière. »

Ce sont ces procédés que nous allons expliquer aussi succinctement que possible, mais toutefois en entrant dans

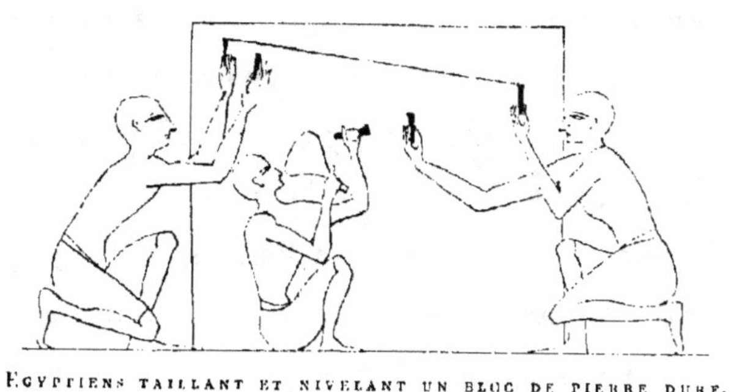

Égyptiens taillant et nivelant un bloc de pierre dure.

des détails dont l'aridité aura pour excuse l'exactitude nécessaire à nos recherches. Tout le monde a présent à l'esprit ce caractère de vie immobile, de mouvement figé, propre aux statues égyptiennes, figures massives et roides dont les jambes sont rapprochées l'une de l'autre et les bras collés au corps. Eh bien, nous croyons pouvoir affirmer que ces productions abrégées, concises jusqu'à la sécheresse, doivent ce caractère aux difficultés qu'ont éprouvées les Égyptiens à toutes les époques pour vaincre les matériaux que les différentes raisons indiquées plus haut leur avaient imposés. L'art monumental n'aurait pas ce caractère de raideur et de solidité si, dès l'origine, le bronze seul eût été mis à contribution.

Les égyptologues, se basant sur la quantité des monuments en pierre dure et la promptitude des opérations sculpturales égyptiennes, ont supposé des procédés particuliers et inconnus. Nous ne pensons pas que les moyens employés par les Égyptiens aient été différents des nôtres. En principe, c'est surtout par le martelage ou le frappage à plat que l'on taille le plus facilement le granit. On se sert d'abord d'un gros outil nommé pointe, que l'on fait entrer dans la matière, afin de la faire éclater à l'aide d'une masse. Cette pointe, outil des plus simples, est celle qui nous semble avoir le plus souvent et le plus longtemps servi aux Égyptiens, non-seulement à tailler et dégrossir les blocs, mais aussi à détailler la coiffure et à creuser des hiéroglyphes. Naturellement cet outil ne peut tracer des sillons nets et droits, comme le ferait le ciseau, et nous retrouvons bien le caractère propre du travail qu'il produit dans ces lignes éclatées et irrégulières que nous constatons sur la plus grande partie des monuments du Louvre. Son effet le plus grossier se remarque distinctement dans des parties non terminées, non polies, par exemple sur une portion de la colonne en granit (G. 134) au Louvre.

L'outil qui vient ensuite, dans la série de ceux qu'on

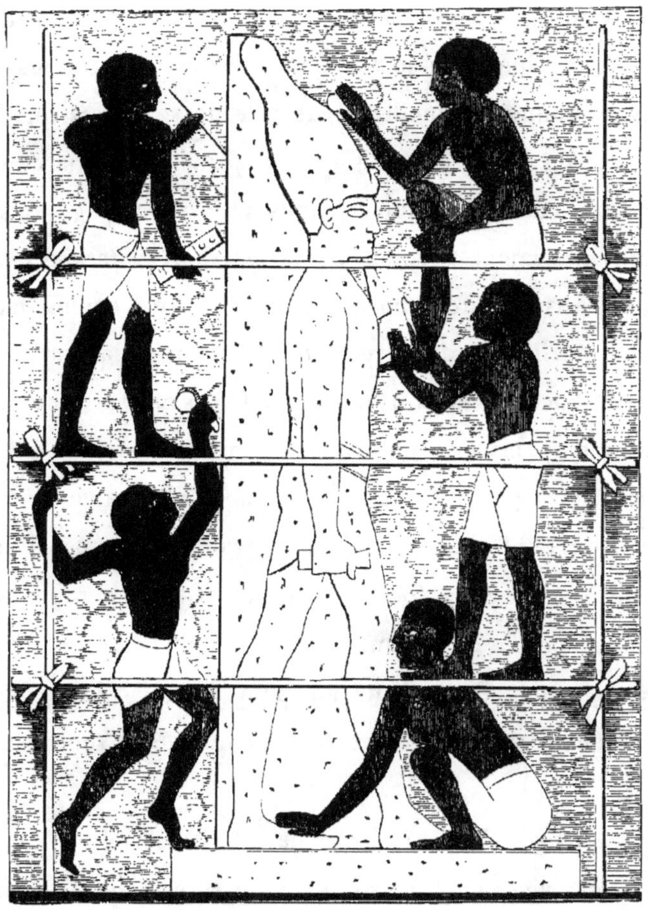

EGYPTIENS SCULPTANT ET POLISSANT UN COLOSSE.

(Peinture de l'Abasse de Thèbes.)

emploie aujourd'hui, est la boucharde, sorte de marteau dont la tête est formée d'un assemblage de pointes disposées symétriquement. La boucharde, pour nous servir d'un terme technique, dresse assez bien le travail, et nous ne pouvons donner de meilleur exemple de ses effets que les bordures de nos trottoirs. Mais, outre que la boucharde est d'une fabrication compliquée, nous ne la voyons figurée sur aucun monument égyptien parmi les représentations analogues. Aussi doutons-nous fort qu'elle ait été connue jadis en Égypte. Il n'en devait pas être de même de la marteline, sorte de hache à deux tranchants. On s'en sert toujours comme d'un marteau en frappant à plat; la matière éclate en morceaux plus ou moins petits, suivant la grandeur et le poids de l'outil et la volonté du travailleur; on peut ainsi arriver à préciser la forme assez vite et assez loin pour ne pas avoir besoin de ciseau. L'usage en a dû être fréquent en Égypte, quoique sa forme ait pu varier; la plus grande partie des monuments sont finis à l'aide de ce seul instrument.

Le ciseau vient en dernier lieu. Il sert surtout à obtenir ces arêtes vives et droites qui sont si rares dans les monuments égyptiens. L'emploi en est du reste assez lent, et demande, si l'on veut réellement couper la matière et non la faire éclater, que l'instrument soit réaffûté et retrempé continuellement. Nous n'avons pas malheureusement au Louvre de monuments en pierre dure de l'ancien empire;

mais nous doutons que le ciseau y fût en usage, car nous ne constatons son emploi que très-rarement et encore dans des monuments d'une époque peu reculée.

Lorsqu'on examine des parties creusées, des hiéroglyphes par exemple, dont l'intérieur n'est pas poli, faute d'avoir été fouillé avec assez de patience, l'arête de la lettre,

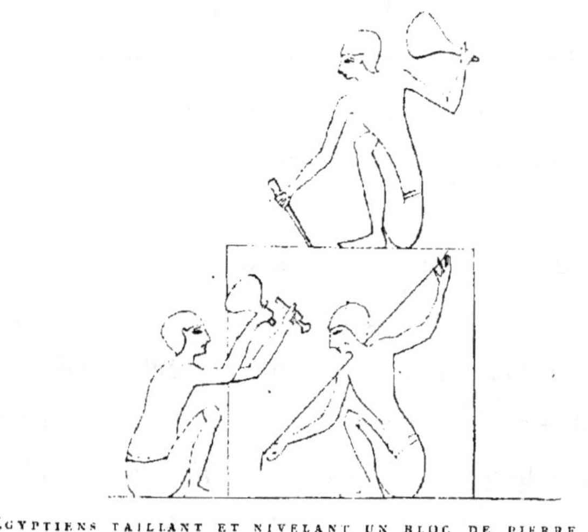

ÉGYPTIENS TAILLANT ET NIVELANT UN BLOC DE PIERRE TENDRE.

regagnée par le poli de la surface, laisse voir une série suivie de cercles ou entailles irrégulières, qui sont produits par l'éclatement de la matière, ce qui montre bien que c'est la pointe d'une substance plus dure qui a servi à dessiner le contour. Sur le beau sarcophage en basalte du Louvre, la netteté des contours hiéroglyphiques démontre clairement le découpage au ciseau; mais les fonds des lettres, ce qui est sans exception dans ce musée, dénotent l'unique emploi de la marteline. En général tous les monuments égyptiens attestent un travail assez grossier. Si l'on regarde bien en effet les grandes surfaces, comme celles du Sphinx en granit rose du Louvre, on voit que le poli n'a pas pu, dans une grande quantité d'endroits, regagner les éclatements produits par la grosse pointe qui a suffi à l'ébauche.

A des époques plus avancées, de même que les Romains, les artistes égyptiens pousseront plus loin la finesse d'exécution ; mais dans les anciennes époques, ils se sont généralement arrêtés à une ébauche large et simplifiée le plus possible.

Avec des instruments tels que ceux que nous avons énumérés tout à l'heure, le polissage était nécessaire, et on le comprend, pour rattraper tous les éclatements de la matière; il était la terminaison forcée du travail; aussi les Égyptiens polirent-ils toutes les surfaces des statues. En même temps le polissage, par cela même qu'il augmentait l'intensité de couleur de la pierre et qu'il offrait aux yeux des nuances de tons variés, quoique sévères, était en harmonie avec le goût des Égyptiens pour la polychromie. Ce goût était tellement prononcé chez eux que toutes les fois qu'ils se servirent de pierre calcaire ou de terre cuite ils prirent soin de les peindre et de les émailler, et qu'ils firent de même pour les monuments de pierre dure ayant de très-grandes dimensions.

Parmi les sujets et scènes divers représentés à l'Abasse de Thèbes, on voit des sculpteurs montés sur des échafaudages, autour des statues qu'ils sont en train de tailler et de polir. Les sculpteurs y mettent la dernière main et travaillent au ciseau forcé par de lourds marteaux; les polisseurs frottent toutes les parties à polir avec un corps blanc que nous croyons être un grès quelconque; enfin d'autres nettoient la statue, en la lavant avec des chiffons fixés au bout d'un bâton, qu'ils trempent, de temps à autre, dans une écuelle probablement pleine d'eau, de façon à enlever la poussière du grès. Pour les grandes surfaces unies, il est probable que les sculpteurs se servirent de planches à main et frottèrent du grès écrasé sur la pierre, en versant de l'eau par un trou percé au milieu de la planche. Afin de donner un poli plus brillant, ils ont indubitablement employé de l'émeri, que l'on trouve en abondance dans les îles de l'Archipel, et qui est du reste nécessaire pour graver en pierre fine. Nous savons que les Hindous polissent leurs pierres dures en les frottant sur une surface de fer, sur laquelle ils étendent de l'huile et du coryndon. M. King croit que la pierre de Naction, appelée jadis smyris, n'est probablement pas autre chose que cette dernière matière, que Théophraste et Pline nomment akoné[1].

Généralement les Égyptiens, arrêtés sans doute par la

1. Voir les planches, pages 12, 29, 41.

longueur du travail, se sont contentés de polir les surfaces; du reste les détails et les hiéroglyphes ne se détachent que mieux en mat sur des surfaces polies. Sur les obélisques pourtant, les hiéroglyphes de la colonne médiane sont quelquefois polis; ils furent dessinés premièrement au crayon rouge, ensuite rectifiés au pinceau avant d'être martelés.

# FORMATION

# DU STYLE ÉGYPTIEN

Ici se place une question accessoire, mais qui a bien aussi son importance relative. De quelle matière étaient fabriqués les outils des sculpteurs égyptiens?

M. Wilkinson s'étend longuement sur un ciseau en bronze, qu'il aurait découvert dans une carrière, mais il est obligé de déclarer que ce ciseau est incapable de tailler les matières dures. Il fait à ce propos une série de suppositions ingénieuses, mais dont malheureusement pas une ne peut le convaincre lui-même, sur l'emploi de cet outil pour la pierre dure. Le bronze ne prend pas la trempe, la composition de l'outil trouvé ne le montre pas résistant; si celui-ci avait servi à l'aide de l'émeri il en serait marqué. En tout cas il ne serait guère croyable, on en conviendra, que ce ciseau ait dû servir à tailler autre chose que la pierre auprès de laquelle il a été trouvé ; or cette pierre est la roche de Thèbes, c'est-à-dire une pierre tendre. Nous ne croyons donc pas utile de nous arrêter plus longtemps sur ce détail, d'autant plus que l'emploi du ciseau, nous l'avons déjà dit, a dû être relativement fort restreint.

Notre conviction est que les Égyptiens n'ont pas pu se servir d'outils autrement qu'en fer ou en acier trempé.

Plusieurs égyptologues, et entre autres M. Wilkinson, n'en veulent pas admettre l'usage ; nous savons pourtant que si le fer a été rare pendant toute l'antiquité, on le possédait et on le travaillait. Place a trouvé une grande quantité d'outils en fer à Khorsabad, et les rapports continus de l'Égypte et de l'Assyrie sont incontestables. La légende de Typhon dont les os sont changés en fer en défendait, il est vrai, l'emploi en Égypte, mais nous ne voyons là qu'un moyen habile des prêtres pour l'accaparer [1].

Les minerais de fer étant très-rares, l'emploi de l'acier a dû être restreint à la taille des pierres dures pour lesquelles il était nécessaire. C'est ce qui explique que l'on en ait trouvé si peu. D'ailleurs M. de Rougé déclare que l'oxydation a dû anéantir la plupart des objets en fer laissés dans le sol égyptien, presque partout imprégné de nitre. Mais les fragments de fer qu'on a trouvés dans les Pyra-

1. Voir à l'appendice la note de M. Chabas sur l'hiéroglyphe du fer, et un extrait d'un travail sur Troie par M. Maxime du Camp.

mides suffisent pour donner la certitude que les tailleurs de pierre et les sculpteurs s'en sont servis dans les cas nécessaires. Nous avons au Louvre une certaine quantité d'instruments de ce métal, entre autres des espèces de hachettes, dont l'emploi, comme martelines, est admissible ; elles rappellent la hache formant l'hiéroglyphe *Nouter*, Dieu, qui peut-être a été choisie pour exprimer cette idée, parce qu'étant l'outil le plus ancien, les Égyptiens lui auront attribué une origine divine.

La manière de tremper les outils est très-variable et les procédés en sont connus. Nous avons aujourd'hui des trempes aussi bonnes que celles des anciens, et quant à celles nécessitant l'emploi d'ingrédients malsains, elles ont dû être toujours repoussées, car il arrive souvent que des fragments d'outils entrent dans les mains des travailleurs, qui alors seraient exposés à de graves dangers si l'on opérait la trempe avec de telles substances.

D'autres savants ont cherché à démontrer l'usage des pointes de diamant ; mais en supposant que les Égyptiens les connussent aux anciennes époques (et ceci n'est rien moins que sûr), elles ne leur auraient servi en rien, l'usage pratique en étant beaucoup plus long que celui de la marteline ou de ciseau. Aujourd'hui on n'emploie ces instruments que lorsqu'on fait une pièce entièrement ronde ; on adapte cette dernière au tour, et les outils diamantés, tenus immobiles, usent la matière à la longue. La fontaine des

Champs-Élysées est faite ainsi, mais il n'y a pas trace d'objets similaires chez les Égyptiens.

Nous avons aussi un système fort simple, consistant en un tube rempli d'émeri, que l'on tourne, et qui perce ainsi des trous très-réguliers. Ce système permet de faire facilement des trous ou *noirs* et par cela même de dégager les bras de la taille; or, c'est là ce que les Égyptiens semblent n'avoir pu faire. Considérez par exemple les statues du Louvre qui représentent la déesse Sexet, à la tête de lionne. Le corps de ces figures est allongé, dans un esprit imitatif de cet animal, mais les bras sont liés à la taille, comme toujours, par crainte de l'évidement de la matière, ce qui nuit beaucoup à l'effet cherché. Il ne peut y avoir de doute que, s'ils avaient eu des moyens particuliers, les artistes eussent dégagé à ces endroits. Nous croyons donc être en droit de conclure que les Égyptiens ne connurent pas l'instrument dont nous venons de parler.

D'autres savants ont cru que les Égyptiens avaient des procédés particuliers pour amollir la pierre jusqu'à une certaine profondeur. M. King rapporte que Ciguoguetti, architecte romain, qui a exécuté dans l'église de Sainte-Marie-Majeure un autel décoré de petites colonnes en porphyre, lui a fait savoir que le seul moyen d'amollir un peu cette pierre est de la tremper plusieurs semaines dans le liquide que Gulliver employa pour éteindre l'incendie de Lilliput. En admettant que M. Ciguoguetti ait pu obtenir quelques résultats par ce moyen, on comprendra que s'il est possible de tremper ainsi quelques petites colonnes, cela eût été impraticable pour amollir le granit des colosses

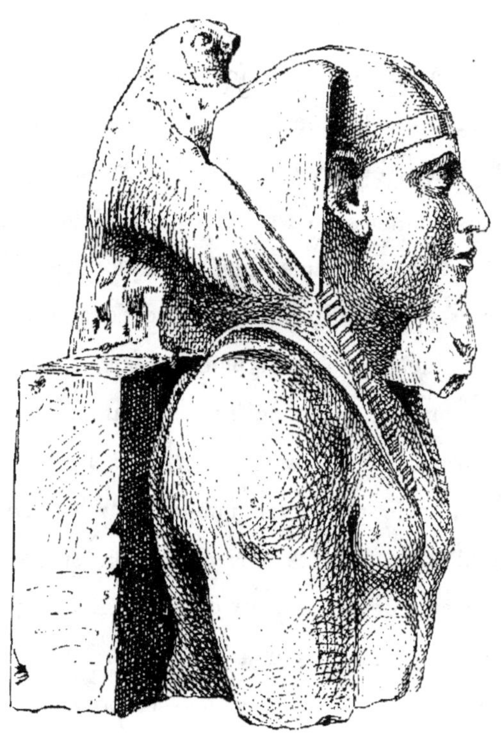

Fragment d'une statue de Chéphren.

Ancien empire.

(L'oiseau sacré forme une masse nécessaire à la solidité de la tête.)

égyptiens, avant comme après l'extraction de la carrière.

La vérité, c'est que les Égyptiens, en s'attaquant aux matières les plus dures, ainsi que les y poussait leur désir de faire solide, durable, éternel, n'eurent à leur disposition que des procédés peu perfectionnés, des instruments simples et peu nombreux, et qui, à l'exception du ciseau, étaient tous destinés à frapper et à marteler. Aux arguments que nous avons déjà développés, nous ne pouvons ajouter de preuves plus convaincantes que les monuments, que les statues elles-mêmes. Partout nous voyons les artistes égyptiens éviter, avec un soin constant, les évidements et les amincissements. Était-ce seulement afin d'assurer à leurs œuvres une durée plus longue? Non pas : c'était aussi parce que, avec les procédés imparfaits et violents auxquels se restreignaient leurs ressources, en évidant telle partie, en amincissant telle autre, ils se fussent exposés à briser eux-mêmes leur ouvrage. De là un type de statues et un style général commandés par les matériaux.

Tout d'abord, la tête offrait par son emmanchement avec le corps un des principaux dangers : le cou, plus faible que les autres parties, risquait de ne pas résister aux chocs du martelage de la tête. Aussi les sculpteurs eurent-ils le soin, toutes les fois qu'ils le purent, de coiffer leurs figures du claf ou bonnet dont les barbes tombent sur la poitrine. Dans les cas où la tête est nue, les cheveux forment toujours une forte masse, qui consolide le cou, en lui donnant un soutien jusqu'aux épaules. Quelquefois, quand cette masse de cheveux a été terminée trop finement à sa rencontre avec les épaules, les statues n'ont pas résisté au

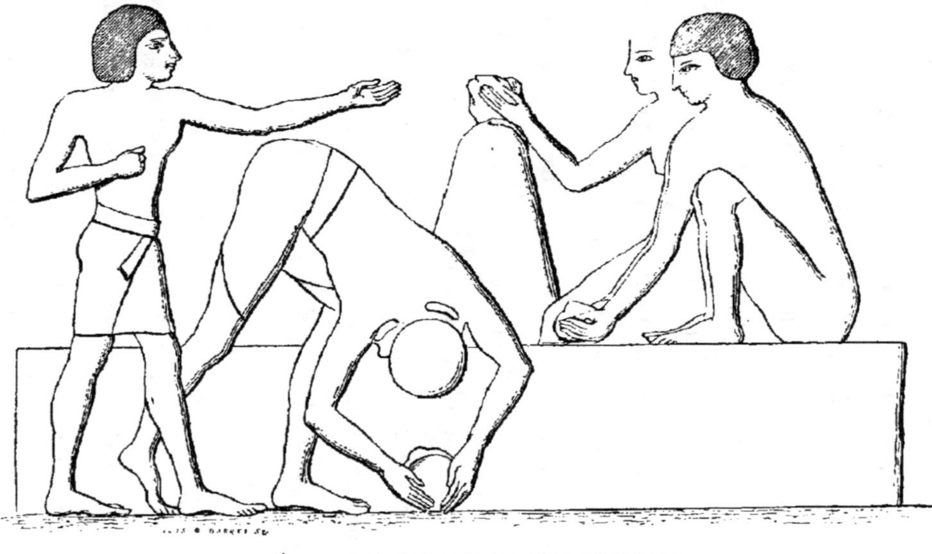

ÉGYPTIENS POLISSANT UN BLOC DE GRANIT.

Peinture de l'Abasse de Thèbes.

choc, ce dont nous avons un exemple dans la figure (A. 88) au Louvre. Plus les matériaux sont durs au travail, plus peut-être ils sont fragiles. Dans les statues d'hommes, les Égyptiens ont exagéré d'une façon particulière la barbiche, qu'ils faisaient descendre toute droite et carrément jusqu'au thorax, de manière à servir de tenon. En même temps pourtant ils la modifiaient dans sa forme, en supprimant la difficulté qu'aurait causée l'extrémité qui, comme on le voit dans les bas-reliefs et les papyrus, se redresse en finesse et est dégagée du cou; ils ont aussi éliminé le travail qu'aurait nécessité le cordon qui servait à attacher la barbe.

La coiffure, quelquefois très-haute et très-mince d'épaisseur, comme celle en forme de disque, et qui aurait été très-délicate au travail, est toujours soutenue par derrière sur presque toute sa largeur. Toute la figure elle-même est engagée postérieurement dans un pilier plus ou moins épais, destiné à lui donner de la solidité et à diminuer la quantité de matière à enlever. La présence de ce pilier et la raideur architecturale des figures debout, les bras le long du corps, une jambe en avant, pose adoptée le plus souvent pour les cariatides (comme celle du Pandrosium à Athènes), pourraient faire croire que la première idée de ces figures vient de statues adossées à la porte d'un temple, comme on en trouve tant d'exemples.

Ce serait là une erreur, et il suffit pour s'en convaincre d'examiner attentivement les figures et surtout leurs piliers de renfort. Si, en effet, ces piliers avaient dû être adossés à un monument quelconque, il est clair que leurs faces postérieures eussent dû être brutes ou au moins dénuées d'ornements. Or, tout au contraire, on constate que très-souvent une inscription est gravée sur toute la surface postérieure de ce contre-fort, autour duquel par conséquent on devait pouvoir circuler. Nous en avons un exemple curieux au Louvre, dans la statue de Séti II (A. 24), déjà citée par nous. Le colosse est de grès rouge, substance très-tendre, la figure très-allongée, surtout par un long sceptre et une tiare très-haute; aussi le tout est-il consolidé par un pilier qui porte une inscription à la partie postérieure, et qui, par sa hauteur et sa forme, a tout à fait le caractère d'un obélisque adossé à la statue. Cette forme particulière est-elle due au désir d'offrir une forme simple pour le travail, heureuse de ligne, livrant un champ vaste aux inscriptions? Ou bien l'auteur de la statue a-t-il seulement eu l'idée de donner au pilier un aspect intéressant? Nous l'ignorons, mais nous penchons pour la première hypothèse.

Cette particularité du sceptre, dans la figure de Séti II, est très-importante, et, certainement, cet ornement ne fut ajouté à la sculpture que parce que la matière très-tendre permit de le faire. De telles complications et de telles difficultés de travail sont soigneusement évitées dans les monuments en pierres dures, et quoique le sceptre fût peut-être l'attribut égyptien le plus important, les artistes se sont contentés, pour éluder la difficulté et gagner du temps, de mettre, si la figure était assise, les mains sur les genoux, et si elle était debout, de laisser tomber les bras le long du corps. Quelquefois ils lui font pourtant tenir le lotus à la main, mais, pour plus de facilité, le bras se replie sur la poitrine et cette fleur se découpe sur la masse du corps sans être dégagée.

Pour l'extraction des blocs de granit de la carrière, MM. de Longpérier et Wilkinson ont supposé que les Égyptiens faisaient des entailles autour des blocs à extraire, dans lesquelles ils introduisaient du bois sec, qu'ils mouillaient ensuite. Le bois en se dilatant faisait ainsi fendre la pierre. Il n'y a pas très-longtemps que ce procédé n'est plus en usage en Europe. Les Égyptiens ont dû aussi faire des sillons autour du bloc, avec de grosses pinces de fer à pointes, qu'un ouvrier tenait en la faisant tourner tandis qu'un autre frappait dessus avec une grosse masse. Quand les sillons étaient faits à une certaine profondeur, ils faisaient éclater la pierre dans toute sa longueur en la frappant tous ensemble.

Nous nous trouvons en ceci complétement d'accord avec M. Wilkinson qui a remarqué que, les entailles n'ayant en général que trois ou quatre centimètres de profondeur, un coin ne pourrait y être solidement fixé. Il a remarqué, en outre, que ces entailles étaient très-rapprochées, ce qui fait croire aussi à ce savant qu'un nombre

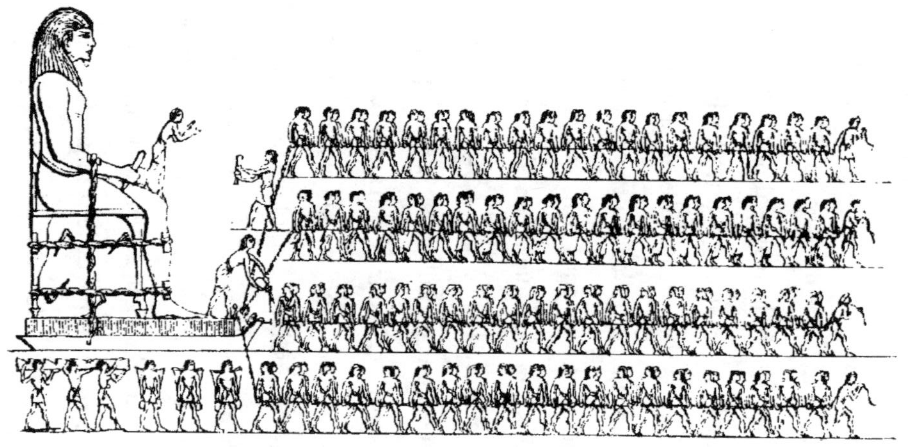

TRANSPORT D'UN COLOSSE.

D'après une peinture égyptienne.

Trouvée dans une grotte près d'El Bersheh.

considérable d'ouvriers frappaient à la fois sur le bloc qu'il s'agissait de détacher.

Maintenant il est certain que, comme pour toutes les carrières, celles d'Égypte contenant une certaine partie d'humidité naturelle, les blocs étaient plus tendres. Le marbre travaillé à Carrare est dans ce cas. Les marbres de couleur perdent à peu près la moitié de leur dureté. L'observation faite que l'on a souvent retravaillé les obélisques à des époques éloignées de leur facture ne prouve pas, quoi qu'en dise M. Wilkinson, que l'on n'ait pas eu plus de peine que dans le principe. Enfin nous pensons que les granits d'Égypte sont plus tendres que ceux du Nord, auxquels souvent on les compare. En ce qui concerne la durée du travail, les Égyptiens ont pu tailler les hiéroglyphes, même pendant le transport, et pour ce transport même, une bonne division du travail, avec les moyens et les quantités d'hommes dont ils disposaient, a dû leur faire gagner beaucoup de temps. C'est ainsi, quant à nous, que nous expliquons naturellement la fameuse inscription relative aux obélisques de la reine Hatasou, lesquels auraient été élevés à Karnack dans le court espace de temps de sept mois. L'extraordinaire rapidité de travail que suppose cette inscription a donné lieu aux suppositions les plus diverses. C'est surtout sur ce fait surprenant que l'on s'est appuyé pour prêter aux sculpteurs égyptiens des procédés particuliers, des outils perfectionnés, des moyens aujourd'hui perdus. Sans discuter la question au point de vue de l'inscription elle-même, en écartant même la traduction de M. Chabas qui lit : un an et sept mois, nous croyons que le plus court délai, quelque étonnant qu'il puisse paraître, s'explique de la manière la plus simple. D'abord, de ce fait particulier on ne saurait conclure en général d'une manière absolue. Le savant conservateur du Musée égyptien du Louvre, M. Paul Pierret, qui a bien voulu nous traduire de nouveau cette inscription et qui regarde le délai de sept mois comme le plus exact, remarquait justement que les artistes égyptiens avaient bien conscience d'être sortis des conditions ordinaires et d'avoir fait un tour de force, puisqu'ils ont tenu dans l'inscription à faire mention expresse du temps par eux employé. Puis, avec un nombre considérable d'ouvriers expérimentés, avec un travail opiniâtre, ininterrompu, poursuivi jour et nuit, avec une grande abondance d'outils continuellement affûtés et trempés, nous ne voyons rien d'impossible au parachèvement de l'œuvre dans un délai de sept mois. Or, quand Hérodote raconte que cent mille hommes se relayant dans tout le pays travaillèrent, pendant trente ans, à la construction des Pyramides, même en faisant une large part à l'exagération, il est naturel d'en déduire l'emploi des mêmes moyens, pour la taille et l'érection des obélisques de la reine Hatasou[1].

1. Lire à l'Appendice : *La mécanique égyptienne.*

De tout ce qui précède, nous croyons pouvoir tirer deux conclusions. Voici la première : l'absence de points fouillés, la simplification voulue, la restriction des détails et des ornements à quelques sillons plus ou moins hardis, l'engorgement de toutes les parties délicates, démontrent que les Égyptiens étaient loin d'avoir des procédés et des facilités inconnus.

La seconde conclusion, qui est pour mieux dire la conséquence logique de la première, c'est que le caractère général et uniforme de la sculpture égyptienne n'a pas été prémédité, voulu, par la classe sacerdotale, et qu'il a été imposé aux sculpteurs, non par la domination religieuse, mais par la technique même, par les conditions matérielles de leur art.

Nous allons en donner de nouvelles preuves dans le troisième chapitre où nous examinerons l'histoire et la marche de l'art en Égypte et ses principales variations.

# MARCHE DE L'ART

PENDANT toute la durée de l'ancien Empire, l'Égypte se montre constituée sous un régime aristocratique[1]. « Il semble que Ménès, dit M. Lenormant[2], en établissant la royauté, ait été le chef d'une révolution pareille à celles qui, à plusieurs reprises, dans l'Inde antique, soumirent les Brahmanes à la suprématie absolue des Kchatrias ou guerriers. » Sous l'ancien Empire, en effet, toute autorité, même l'autorité religieuse, est absorbée par l'autorité royale. La religion est si loin de dominer dans le

1. Nous retrouvons de même en Amérique, comme le prouve un curieux travail de M. Wiener sur le Pérou, d'abord des rois-pontifes, renversés plus tard par les pontifes-rois.

2. *Histoire ancienne des peuples de l'Orient*, par François Lenormant : Lévy, 1869.

monde matériel, qu'elle ne domine même pas dans le monde moral. La morale de ce temps est, en effet, purement laïque; nous en pouvons juger par le code de morale que possède la Bibliothèque nationale, et qui est l'œuvre, non pas d'un prêtre, mais d'un vieillard du sang royal des Pharaons, nommé Phtah-Hotep.

Pendant ces époques, les historiens sont d'accord pour déclarer que la richesse et la prospérité du pays ont été immenses; l'art fait des progrès constants et produit des œuvres qui serviront de modèle aux renaissances ultérieures.

Les plus anciennes statues que nous possédions, et que l'on peut faire remonter à la II$^{e}$ dynastie[1], sont celles du fonctionnaire Sépa et de sa femme. (Musée du Louvre.) Ce sont des œuvres timides, très-primitives; la femme tient encore les deux jambes droites, sans mouvement, dans une attitude qui est presque celle de la momie. L'homme pourtant avance la jambe gauche, mais il a encore les bras collés au corps. Quelques tendances d'individualisme y paraissent déjà, mais sans attester un grand talent; il est même probable que nous possédons l'œuvre d'un artiste inférieur de l'époque. Très-peu de statues du même temps ont survécu à l'invasion des peuples nomades, puis aux destructions opérées par les peuples modernes, et enfin aux

1. Elles furent découvertes aux Pyramides.

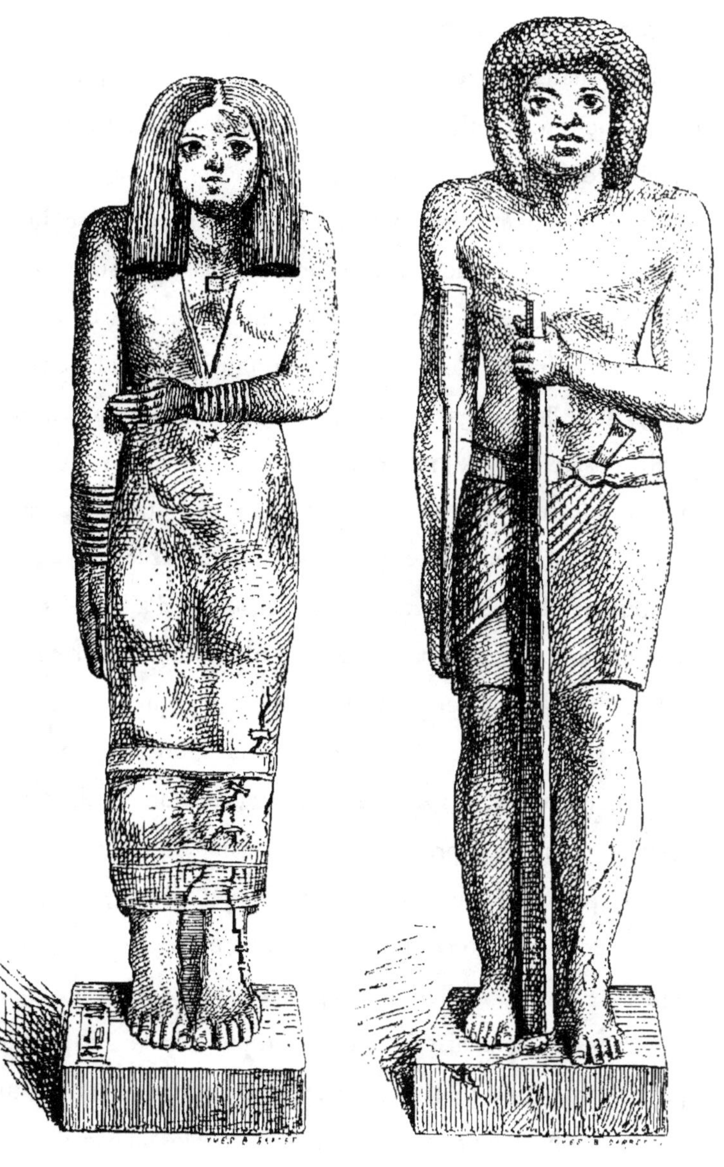

Statues de Sépa et Nesa.

IIe dynastie ; 4751 ans avant Jésus-Christ, d'après Manéthon. (Musée du Louvre.)

ravages du temps ; celles qui restent, en supposant qu'elles soient la meilleure expression de l'art de cette dynastie, montreraient que cet art, même pour la pierre tendre dans laquelle ces figures sont taillées, cherche encore sa voie, et que les instruments sont insuffisants ; en effet, si les sculpteurs de cette époque avaient connu le *violon*, instrument bien simple [1], ils eussent très-facilement détaché les bras de la taille, ce qu'ils n'ont eu garde de faire. Cependant ces figures sont déjà dégagées de tous côtés et n'ont pas à la partie postérieure ce pilier dont nous avons parlé, et qui était inutile à des statues qui n'étaient pas destinées à traverser les siècles. Cette particularité seule suffirait pour montrer quelle liberté pratique existait déjà ; d'ailleurs il se peut aussi que le groupe du Louvre n'ait été que la reproduction d'un praticien timide, supposition qui se trouve confirmée par cette circonstance, que la figure de l'homme est répétée deux fois et que cette figure montre, dans de certains points, un progrès sur sa voisine. Le contour du genou, principalement dans la jambe qui avance, est bien mieux dessiné ; l'on voit facilement, en examinant ces figures, comme celles d'époques postérieures, que les Égyptiens ne connaissaient pas la râpe, espèce de lime à pierre tendre, et qu'ils se contentaient, après l'ébauche au ciseau, probablement en bronze, de frotter les surfaces avec

1. Le violon est un instrument forant et tournant comme le vilebrequin, et qu'on fait mouvoir au moyen d'un archet.

une pierre pour les terminer. On ne remarque nulle part les incisions un peu sèches que donnent la râpe et la lime ; et les fonds taillés en bout par le ciseau n'ont pas pu être régularisés, faute de ces instruments, la pierre ne pouvant y manœuvrer. Cela est très-visible, surtout au Louvre, dans les creux séparant les deux genoux de la figure A, 44, faite sous l'ancien Empire, et il nous a semblé voir des traces de gradine, ou ciseau rayé, dans la figure A, 105. Celui-ci ne serait probablement qu'un ciseau en forme de pied de biche, comme on en a tant trouvé[1].

Sous la IVe dynastie, la découverte faite par M. Mariette de la statue de Chéphren (la seule statue en pierre dure qui soit arrivée intacte jusqu'à nous) nous permet de juger la statuaire monumentale de l'ancien Empire. La facture de cette figure nous prouve que l'art a déjà fait un immense progrès sur celles des Sépa, et nous fait constater que nous ne sommes plus, cette fois, en face d'une reproduction timide. « Elle nous montre, dit M. Mariette [2], que les Égyptiens n'avaient plus de progrès à faire. » Ceci est peut-être un peu absolu, car la raideur primitive s'y fait encore sentir. Dans cette figure, cette raideur est presque

1. Lire à l'appendice notre note sur le torse égyptien à l'état d'ébauche, appartenant à M. Geslin.

2. Auguste Mariette, *Aperçu de l'Histoire ancienne d'Égypte*. Paris. Dentu 1867. Sous ce titre, Mariette-Bey a donné l'histoire la plus complète et la plus sérieuse de l'ancienne Égypte.

une qualité, car elle affirme encore plus le caractère royal, majestueux et monumental. Mais, comme nous le verrons plus loin, dans les œuvres d'un caractère plus familier et plus vivant qu'ils ont produites plus tard, les artistes ne sont jamais arrivés jusqu'à la souplesse et à la grâce, ils n'ont jamais su faire hancher une figure. Il n'y a pas non plus dans ces œuvres le sentiment, la recherche de l'idéal. Les artistes n'en sont encore qu'à la période qui précède, à la période du réalisme, mais l'on ne peut pas dire que, sans les événements, ils ne l'auraient pas dépassée.

La sobriété et la simplicité de lignes, dans la figure dont nous venons de parler, étaient d'autant plus nécessaires qu'elle est taillée dans un bloc de diorite, roche plus dure que le porphyre; elle offre toutes les précautions et toutes les particularités dont nous avons vu plus haut la nécessité. « A l'aide de quels moyens, dit M. Lenormant [1], parvenait-on à travailler une semblable matière, dans une civilisation qui sans doute connaissait le fer, mais se refusait à l'employer par des motifs superstitieux? une vie de sculpteur devait s'y user tout entière. » C'est à ces questions que nous pensons avoir répondu. La tête de cette figure est principalement remarquable par son caractère personnel, et nul doute que l'artiste qui avait fait le modèle n'ait travaillé lui-même à l'exécution de cette partie.

1. *Les Premières Civilisations*, par François Lenormant, 1874.

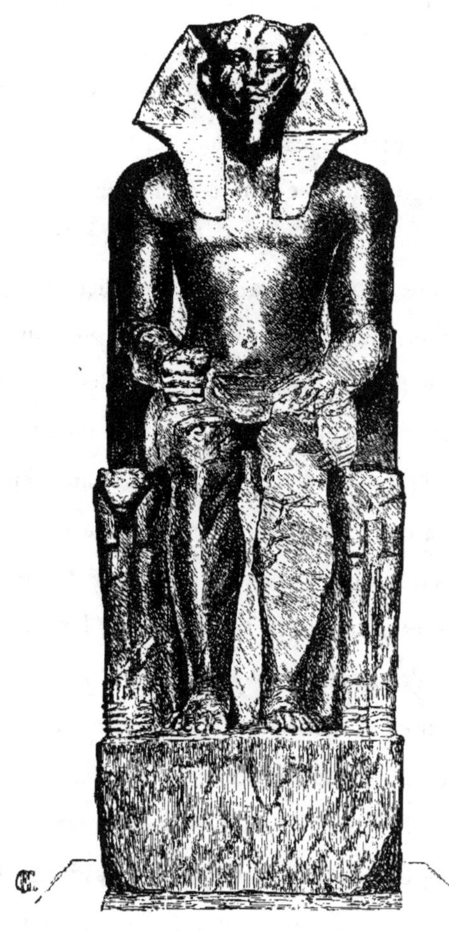

Statue de Chéphren.

IV^e dynastie. (Musée de Boulaq.)

L'art monumental de l'Égypte a pris, par suite des circonstances que nous avons décrites, une raideur magistrale, une simplicité grandiose; d'une autre part, les artistes égyptiens, surtout sous l'ancien empire, nous ont laissé des productions d'un caractère privé, qui montrent les progrès dont l'art de ce pays était susceptible et de grandes qualités de réalité et de vie. De plus, qu'il s'agisse de représenter un simple particulier, on pourra employer des matériaux moins durs, moins inaltérables et, par conséquent, plus commodes pour rendre toutes les particularités physionomiques et vivantes; n'étant plus arrêté par la matière, l'artiste, faisant ses figures en terre cuite, en calcaire, en bois, en bronze, pourra chercher le mouvement et la finesse; et, au bout de peu de temps, nous voyons les artistes de l'ancien Empire s'affranchir de la timidité dont les Sépa, au Louvre, donnent l'exemple*.

Parmi les rares statues de la V^e dynastie, M. Mariette avait envoyé, en 1867, celle de Ranefa. Il nous a décrit cette figure avec soin, et il trouve encore là un grand progrès dans l'art. « Elle est debout, dit-il, dans l'attitude hiératique. » N'oublions pas que nous sommes en face de l'image d'un prêtre. Sa pose toute religieuse est donc toute de circonstance et n'a rien qui trahisse une formule générale enchaînant l'art de l'ancien Empire[1].

1. L'attitude de cette figure, surtout la pose des bras, n'a pas été reproduite dans la sculpture postérieure.

Les bas-reliefs égyptiens peuvent être facilement étudiés au Louvre, surtout dans les moulages du tombeau de Ti, découvert à Saqqarah, dont les originaux se trouvent au Musée de Berlin. Mariette-Bey, qui les a découverts, déclare que ce sont les plus beaux spécimens qu'il connaisse des monuments de cette époque. La sculpture égyptienne offre, d'une manière toute particulière dans les bas-reliefs, le caractère commun à tous les arts primitifs : la raideur architecturale, les partis pris que l'on retrouve chez les Assyriens et aussi chez les Grecs primitifs, une imitation sommaire de la nature, des naïvetés enfantines, une élimination constante de la difficulté, par exemple, l'habitude de mettre toutes les figures de profil, le soin d'éviter tout raccourci et la répétition de mouvements analogues ; autant d'indices d'un art peu raffiné. Les anciens Égyptiens ignoraient la perspective. Comparés aux Assyriens, ils étaient moins réalistes. L'art des Assyriens était surtout guerrier, tandis que, pendant l'ancien Empire, les Égyptiens ne représentent généralement que des sujets champêtres et industriels.

La VIe dynastie jouit, comme la Ve, d'une grande tranquillité, et comme elle aussi vit l'art de la sculpture faire de grands progrès. Nous en avons deux preuves frappantes : la première, que tout le monde a pu voir à l'Exposition de 1867, est la statue en bois de Raem-ké, si libre, si vivante, si juste de mouvement et d'imitation. Il n'est personne qui ait pu l'oublier parmi ceux que ces questions intéressent. La description en serait donc inutile[1]. Elle étonne surtout par la réunion de la largeur de style particulier à l'art égyptien, un soin de détails et une allure dégagée dont on retrouve peu d'exemples dans la suite; seul, un bras collé au corps d'une manière encore raide rappelle l'art primitif dans cette œuvre exceptionnelle.

Notre second exemple des progrès accomplis sous la VI^e^ dynastie, et c'est aussi la dernière statue de l'ancien Empire que nous désirons rappeler, est une statue que nous possédons au Louvre. C'est la petite figure en calcaire du scribe accroupi (voir la planche, page 17), placée au milieu de la salle civile. Cette figure fut trouvée dans le tombeau de Skem-ka, avec plusieurs autres figures inférieures au point de vue artistique, lesquelles sont réunies sur le palier de l'escalier. Cette statue est vivante, vraie de mouvement et d'expression, dégagée complétement dans ses formes; une prunelle de cristal donne à l'œil une grande intensité de vie. « Le mouvement des genoux et le dessin des reins, dit M. de Rougé[2], sont surtout remarquables; tous les traits de la figure sont fortement empreints d'individualité; il est évident que c'est un portrait. »

En présence d'un pareil spécimen d'un art libre et pro-

1. Voir la planche, page 59.

2. Catalogue du Musée égyptien du Louvre.

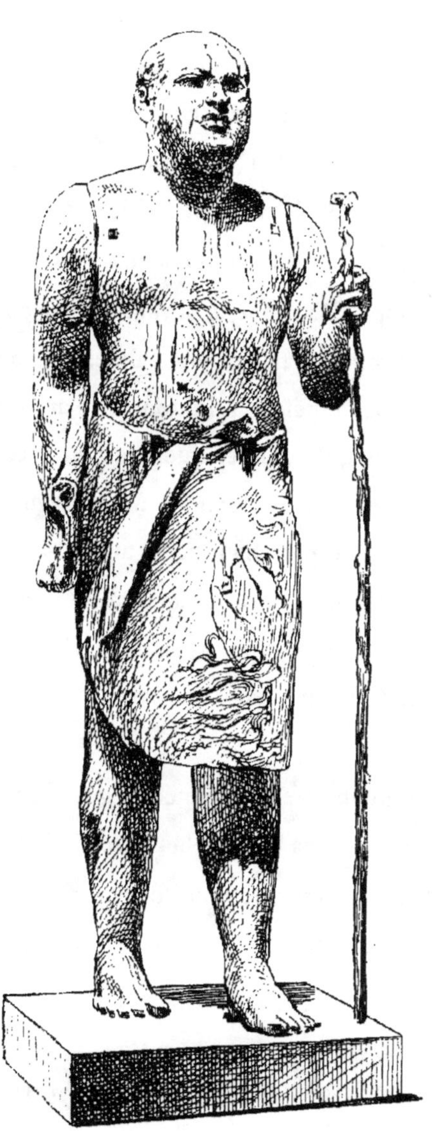

STATUE EN BOIS DE RA-EM-KÉ.

Ve dynastie (Musée de Boulaq).

gressif, de la charmante petite laveuse du Musée de Boulaq[1], il nous paraît surprenant que M. Wilkinson, dans l'ouvrage qu'il vient de publier[2], cite et trouve encore juste l'opinion de Platon, disant dédaigneusement que les peintures et les sculptures égyptiennes, faites depuis dix mille ans, ne sont ni meilleures ni plus mauvaises que celles faites de son temps. Pourtant le savant auteur connaît évidemment les figures dont nous venons de parler, antérieures de deux mille ans à peine à Platon, et l'art de l'ancien Empire n'aura plus qu'à donner quelques finesses dans les détails pour arriver à la perfection. Malheureusement ces figures nous offrent le plus haut point auquel les Égyptiens soient parvenus. Le progrès artistique s'arrête à cette époque, ce qui fait que les Égyptiens, comme l'a écrit si justement M. Arthur Rhoné, en sont restés à l'ébauche de l'art[3].

Après la VI^e^ dynastie commence la grande catastrophe qui dura quatre cents ans et dont la cause est inconnue. Les quatre dynasties suivantes ne nous ont laissé aucun monument, le vide est complet dans l'histoire, comme dans l'art;

1. Voir la planche, page 95, et le buste de l'ancien empire, page 89.

2. A popular account of the ancient Egyptians, by sir J. Gardener Wilkinson. II vol. 1871. John Murray, London.

3. *L'Égypte à petites journées*, par M. Arthur Rhoné, 1876. Leroux, édit. 2 vol. sous une forme agréable et pleine de charme, un des livres les plus érudits que l'on ait publié sur l'Égypte ancienne et moderne dans ces dernières années.

un changement immense s'opère non-seulement dans les mœurs, mais dans la race elle-même, ainsi que le confirment les études craniologiques.

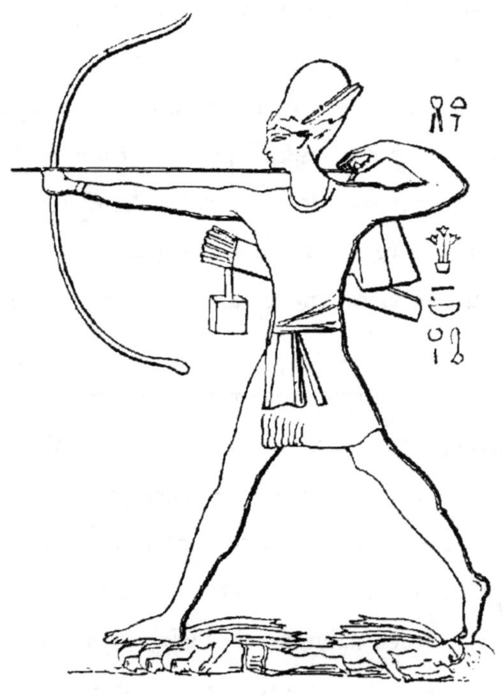

Le roi Ramsès.

Fragment d'une peinture égyptienne d'après l'ouvrage de Prisse d'Avesnes.

Aussi dans le moyen et le nouvel Empire que nous allons parcourir, n'allons-nous plus trouver l'individualisme cherchant le progrès ; nous trouverons l'art continuellement détourné ou étouffé par le despotisme royal, les événements politiques, et, à la fin du nouvel Empire, par l'influence croissante du sacerdoce qui le rendit hiératique.

C'est à Thèbes, sous la XI$^e$ dynastie, que commence la première renaissance artistique. Il paraît probable que rien n'avait survécu de l'ancienne civilisation, excepté les figures monumentales en pierre dure, du genre de celle de Chéphren, qui ont seules servi de nouveau point de départ; car les artistes de cette renaissance paraissent ignorer la liberté d'allures et les progrès de l'art civil ancien, dont les œuvres nous sont du reste parvenues en très-petit nombre, et encore enfouies généralement dans les tombeaux murés et inviolables.

La sculpture ne reprit pas tout de suite sa splendeur: les monuments sont d'abord rudes, grossiers, mal imités des anciens; mais, à la XII$^e$ dynastie, l'art progresse rapidement, les statues prennent une forme, un galbe élancé inconnu jusqu'alors, confirmant un changement de la nature physique des habitants de l'Égypte; le fait montre, en tout cas, que les Égyptiens ne suivaient pas d'anciennes formules, et qu'ils étaient libres d'interpréter leurs anciens chefs-d'œuvre en consultant la nature. Les figures sont généralement soignées, et les artistes amènent la sculpture presque au degré où elle avait été portée dès la IV$^e$ dynastie, sous l'ancien Empire; ici, comme à cette première époque, ils ne sont pas encore arrivés au réalisme, ils ne font pas une étude serrée de la nature.

Si l'art, dans les deux familles royales suivantes, ne fait pas les progrès que nous avons observés dans les époques correspondantes de l'ancien Empire (la V$^{e}$ et la VI$^{e}$ dynastie), c'est que celles-ci n'avaient pas été tourmentées par des troubles politiques aussi grands que ceux qui amenèrent au trône la XIV$^{e}$ dynastie, une famille originaire de Xoïs.

A cette époque, nous trouvons entre autres un genre de création sculpturale purement religieux. Il nous est parvenu dans ces statues de morts agenouillés, qui tiennent devant eux un naos ou petite chapelle en forme de niche, et renfermant une divinité. Les tombeaux ne contiennent plus, comme sous l'ancien Empire, des files de statuettes, mais généralement une seule et unique figure.

Sous la XIV$^{e}$ dynastie a lieu cette terrible invasion des Hycsos ou pasteurs, dont la conséquence fut un anéantissement artistique de plus de cinq cents ans. Les vainqueurs nous ont pourtant laissé quelques exemples de leur art, particulièrement intéressants.

Sous la XVII$^{e}$ dynastie se place la deuxième renaissance, à laquelle les vainqueurs eux-mêmes paraissent avoir contribué. Les monuments d'Amenophis I$^{er}$ sont pourtant encore d'une grande médiocrité.

La XVIII$^{e}$ dynastie nous conduit donc à une situation artistique analogue à celle de la IV$^{e}$ dynastie, sous l'ancien Empire, et à celle de la XII$^{e}$ dans la période précédente. Nous assistons aux mêmes progrès, et l'on serait en droit d'espérer que la sculpture du nouvel Empire va enfin surpasser celle des époques précédentes; mais les faits démentent cette espérance. Les artistes repartent toujours des mêmes données générales, obéissant aux mêmes nécessités que nous avons constatées pour les poses des statues, sauf pour les formes, qui sont moins allongées que sous le moyen Empire et moins massives que sous l'ancien; la nature est moins observée, les membres sont lourds; les têtes pourtant ont une certaine finesse.

La XIXe dynastie nous amène au despote Ramsès; ce règne, politiquement comme artistiquement, peut se comparer à celui de Louis XIV; le même faste, le même orgueil, les guerres continuelles, l'art pompeux, froid, solennel, entraînent une décadence analogue à celle que nous avons déjà vue, quoiqu'à un degré moindre, après notre belle Renaissance. « L'art, chez aucun peuple, à aucune époque, dit très-justement M. François Lenormant[1], n'a résisté à l'influence d'un certain degré de despotisme. »

Les progrès obtenus sous Séti Ier aboutissent à une décadence complète sous les Ramsès. « Le style égyptien, dit encore M. de Rougé, conserve bien alors un certain caractère de grandeur; mais il est trop souvent empreint d'une rudesse et d'une laideur inouïes, sous les derniers princes de cette famille[2]. »

1. *Histoire ancienne de l'Orient.*

2. Catalogue du Musée du Louvre.

L'influence des nations efféminées de l'Asie, avec lesquelles les Égyptiens furent en guerre, a été une des causes de leur décadence; les statues de cette époque nous montrent des costumes moins sévères, des coiffures et des perruques riches; cette influence se retrouve de même dans la langue et la religion : les prêtres prirent alors cette prédominance qui leur permit d'usurper pendant quelque temps le pouvoir royal, usurpation qui amena le soulèvement des populations, l'invasion des étrangers, et finit par ruiner l'art sous les dynasties suivantes.

Ce n'est qu'à la XXVIe dynastie, sous Psammetichus Ier, que les étrangers sont chassés et qu'une nouvelle prospérité amène la troisième et dernière renaissance, protégée cette fois non-seulement par le gouvernement, mais aussi par des particuliers.

Les statues prennent alors de l'élégance, même de la grâce, mais ont moins de grandeur et de hardiesse qu'auparavant; on sent mieux la vie, les membres sont mieux étudiés, les ajustements sont meilleurs; le basalte et d'autres beaux matériaux sont plus généralement employés et très-finement travaillés.

Malheureusement, après quelque temps de tranquillité, l'Égypte tombe successivement au pouvoir des Perses, puis des Grecs et des Romains, et les arts, subissant l'influence des nouveaux dominateurs, passent par une série de modifications qui n'intéressent plus l'objet de notre étude.

En considérant cette marche générale de l'art chez les Égyptiens, nous voyons un peuple lent à progresser, qui, sous l'ancien Empire, au bout de deux mille ans, arrive, en sculpture, au réalisme et à un grand sentiment de la vie. Ce mouvement est arrêté par une catastrophe dont la cause est inconnue : une première renaissance arrive après sept cents ans de paix et amène la sculpture à peu près aux progrès de la IV^e^ dynastie, éteinte par l'invasion des Hycsos. Une seconde renaissance, moins longue à atteindre le même point, est arrêtée par le despote Ramsès et par les préoccupations de la défense contre les envahisseurs; enfin, sous la dynastie Saite, nous constatons un certain progrès et un dernier effort qui cessent à l'invasion persane.

Très-nettement tranchés sont les caractères généraux des quatre belles époques de la sculpture égyptienne : la première montre des figures vivantes, aux formes trapues; la seconde, des figures raides aux formes allongées; la troisième, d'immenses statues au caractère forcément massif et conventionnel; la quatrième, des figures aux formes plus gracieuses, d'un fini et d'une préciosité remarquables.

# CONSIDÉRATIONS GÉNÉRALES

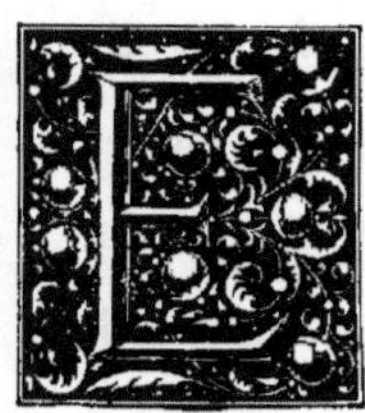

T maintenant, où voyons-nous dans tout cela un « *Art hiératique* », pour nous servir d'une expression que l'on a trop souvent employée sans raisons suffisantes? Art hiératique! Que signifie ce mot?

Otfried Muller a employé indifféremment les termes *archaïque* et *hiératique;* Welcher entend par sculpture hiératique celle d'une haute antiquité; enfin les Grecs ont nommé de même *hiéroglyphes* ou *écriture sacrée* l'écriture égyptienne, qui, déjà formée sous les premières dynasties, a servi à toutes sortes d'inscriptions profanes et se trouve sur des quantités d'objets de la vie domestique.

« Il n'est plus possible, dit avec raison M. François Lenormant[1], dans l'état actuel de la science, de soutenir,

1. *Histoire ancienne de l'Orient*, par François Lenormant. Paris, 1869.

comme on l'a fait pendant si longtemps, que les hiéroglyphes étaient une écriture mystérieuse, réservée seulement aux prêtres, et les maintenant seuls en possession du dépôt des connaissances. Ce serait aussi une opinion très-éloignée de la vérité que de regarder les hiéroglyphes comme étant toujours ou même généralement des symboles. Il y a sans doute parmi eux des caractères symboliques et figuratifs, mais la majorité des signes sont des caractères phonétiques, etc... »

Eh bien, il ne s'agit que de procéder à l'égard de la sculpture comme à l'égard de l'écriture, pour arriver aux mêmes résultats. Le raisonnement, la science, et surtout l'examen des monuments, nous apprennent à nous dégager, pour l'une comme pour l'autre, des fausses idées et des fausses appellations.

Toutefois il convient d'établir, dans la série des productions de l'art égyptien, une distinction capitale et essentielle. A nos yeux, les Égyptiens du moyen et du nouvel Empire ont été des imitateurs plus ou moins heureux de l'art de l'ancien Empire, dont la race semble avoir été mieux douée. L'ancien Empire nous paraît d'autant supérieur par comparaison : il présente, dans le peu que nous connaissons de cette période, des rois créateurs et même révolutionnaires, des fonctionnaires ou des parents des familles royales remarquables par leurs travaux, des artistes cherchant à sortir de la convention, et, qui mieux est, y parve-

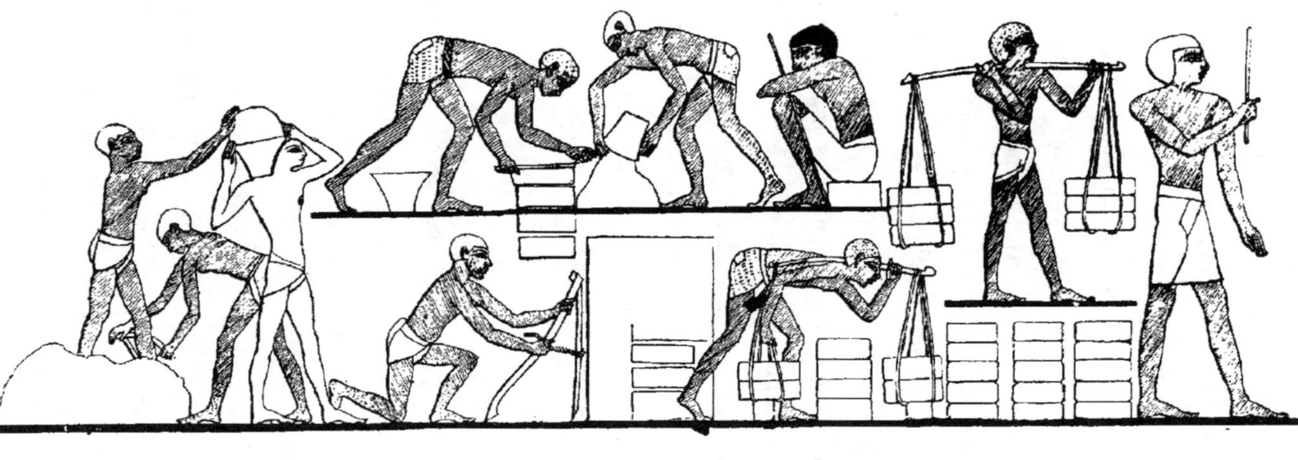

Captifs employés a batir un temple d'Ammon, a Thèbes.

D'après une peinture égyptienne de la XVIII^e dynastie.

nant. La statue de Ra-em-ké, celle de Ra-ne-fer et les petites figurines dont nous avons déjà parlé au commencement de ce chapitre en sont la meilleure preuve. L'Égypte, à cette époque, semble avoir possédé ces fortes individualités, ces personnalités propres aux nations européennes; avec le moyen et le nouvel Empire, nous retrouvons les caractères plus particuliers aux peuples asiatiques, un pouvoir suprême devant lequel tout s'efface, sur lequel tout se modèle, qui donne par exemple aux artistes le type du dernier roi défunt comme principe des représentations divines. Le pays immobilisé n'a qu'une seule pensée, embaumer chaque génération. L'idéal, c'est la bonne mort, qui permettra de revenir dans une vie éternelle et cette fois heureuse. L'opium, servi par les classes politiques et religieuses, est si puissant que, sauf quelques rares exceptions, rien ne s'élève dans cette masse, courbée sous la même pensée.

Dans toutes ces périodes, dites *sacerdotales,* nous ne trouvons généralement que des figures dépourvues de sentiments vrais, sans arrangement, sans effet; que ce soient des prêtres, des femmes ou des guerriers, il n'y a pas de diversité, pas de modification dans l'expression des physionomies. Les draperies sont toujours aussi mal ajustées, toutes les figures secondaires sont sacrifiées à la principale, qui est d'une grandeur démesurée, pour donner l'image de la puissance royale. Les peintres n'ont pas de conception en

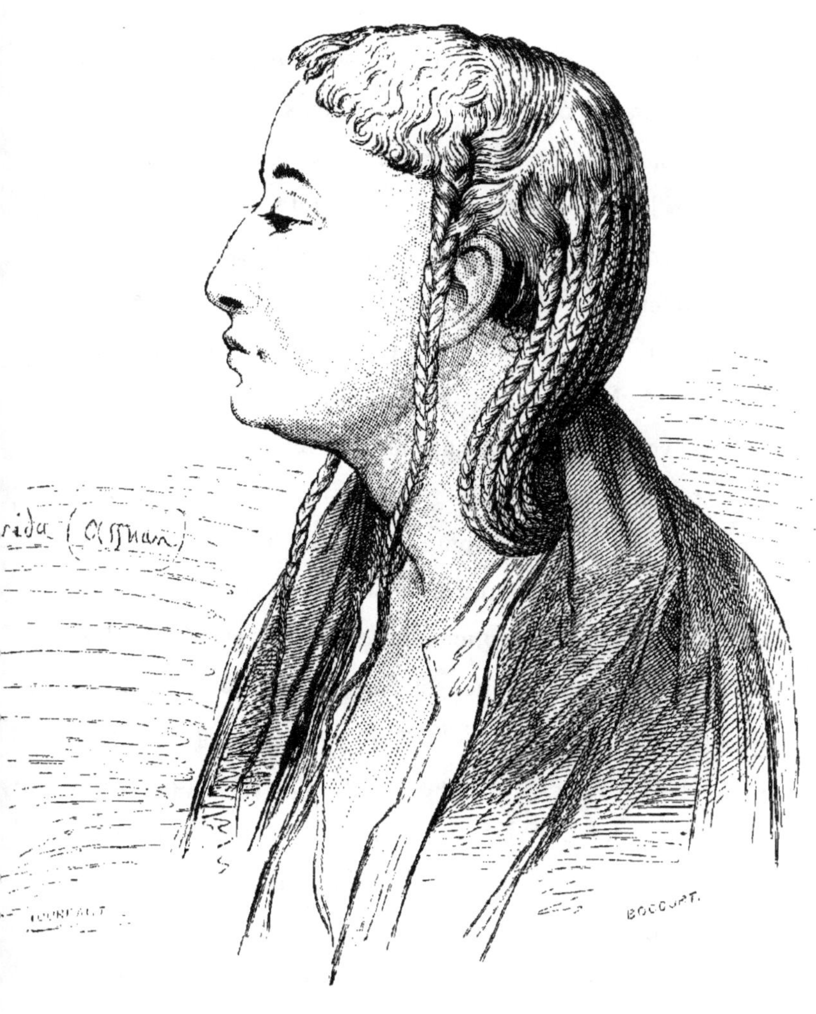

HAMIDA (ASSUAN).

D'après un dessin de Théodule Deveria (Collection de M. le V[te] Jacques de Rougé).

Égyptienne moderne pouvant servir de parallèle avec les profils égyptiens pris dans un bas-relief de la XIXe dynastie à la page 79.

dehors des représentations des scènes qui se passent sous leurs yeux : toutes les figures, tous les animaux sont de profil, les membres sont tordus, et les mouvements simples, naïfs et froids qu'on a trouvés si sublimes, tombent souvent complétement à faux; comme on peut s'en convaincre en regardant les représentations de scènes de carnage.

On trouve bien, aux points culminants des trois renaissances dont nous nous occupons, quelques œuvres remarquables, telles que la statue si connue de la reine Améněritis. Mais c'est exceptionnellement qu'un artiste semble avoir cherché à rendre le caractère de beauté particulière à la femme, dont généralement les Égyptiens se sont très-peu rendu compte, et qui est du reste très-rarement représentée dans leurs sculptures.

Les sculpteurs égyptiens ne se sont pas plus affranchis, sous le moyen et le nouvel Empire que sous l'ancien, des difficultés inhérentes à la taille des pierres dures, avec les faibles moyens et avec les outils imparfaits qu'ils n'ont jamais su améliorer. Dans ces deux périodes, comme dans la première, l'insuffisance de l'outillage fut la cause génératrice principale du style égyptien et continua d'imposer un caractère forcé, nécessaire à leurs monuments, inspirés avant tout par l'idée de l'immortalité ou plutôt de la durée éternelle.

Un fait des plus importants et qu'il faut surtout remarquer, c'est que, au début de l'ancien Empire, où l'art

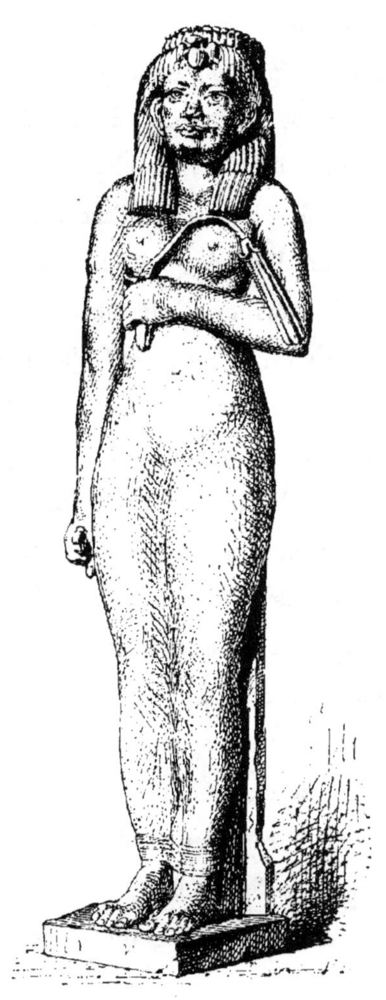

La reine Améléritis.

XXVI^e dynastie. (Musée de Boulaq.)

égyptien a trouvé son expression, son caractère particulier, l'on n'a pas découvert, soit dans les statues, sculptures, soit dans les bas-reliefs, les représentations religieuses, si nombreuses dans les autres périodes, ni rien qui affirme ou qui démontre une influence sacerdotale réelle.

« Cette période semble promettre à l'art, a dit justement le vicomte de Rougé, des destinées bien différentes de celles qui lui furent réservées dans les siècles suivants. »

L'art égyptien est sorti de lui-même, c'est là l'immense différence qui le sépare des autres arts, qui tous ont pris pour point de départ le point même où l'art égyptien avait su arriver. Plus tard, malheureusement, il demeura étranger aux influences extérieures, et ne participa point aux progrès accomplis par les nations voisines. Ainsi il entra dans une routine qui se suit encore aujourd'hui, car M. Wilkinson a constaté que le paysan égyptien actuel ne peut pas comprendre les dessins des Européens; les raccourcis, la perspective, le clair-obscur, sont pour lui inintelligibles. En somme, il ne comprend aujourd'hui encore que les peintures antiques de Thèbes.

Cet isolement artistique de l'Égypte s'explique facilement du reste, lorsqu'on se rappelle dans quelles conditions particulières était née et s'était développée la sculpture sur les bords du Nil. Son point de départ, l'idée première qu'elle devait exprimer, c'était la *célébration*, l'*immortalisation*, si l'on peut s'exprimer ainsi, d'un monarque ou d'un

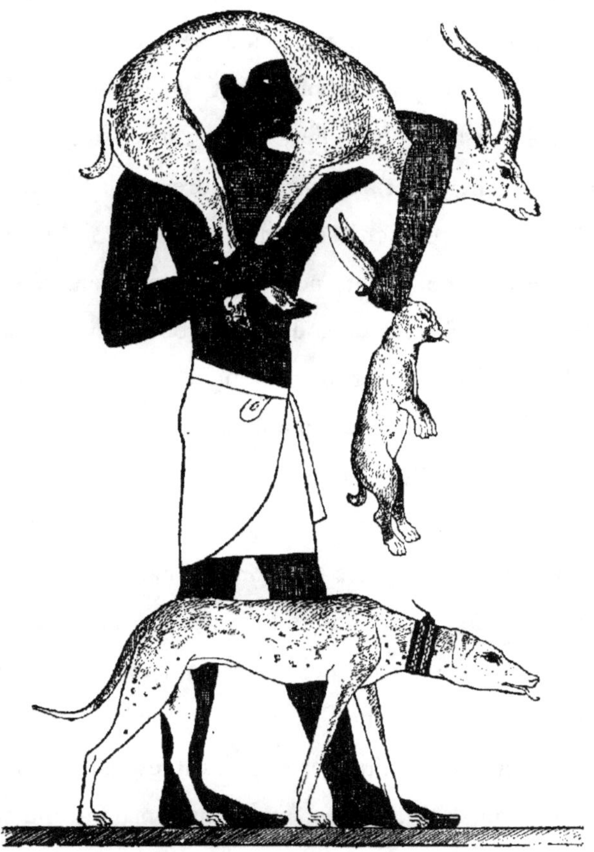

Retour de chasse.

Fragment de peinture de la nécropole de Thèbes. XVIIe dynastie.

D'après Prisse d'Avesnes.

simple particulier. Aussi voyons-nous les tombeaux représenter les voyages de l'âme, les cérémonies religieuses, et les bas-reliefs reproduire les costumes et les mœurs des nations vaincues. Mais pour toutes ces représentations, l'artiste se préoccupe médiocrement de la beauté de la forme, de la justesse de l'effet, de la vérité soigneuse du contour; il recherche rarement le pittoresque : l'exactitude lui suffit. A quoi eussent servi d'ailleurs des raffinements d'art, de travail, de talent, pour des œuvres généralement destinées à être placées dans des hypogées, dans des salles dissimulées, obscures et où personne ne pouvait ni ne devait pénétrer? Il est bien plutôt extraordinaire, dans de telles conditions, d'y trouver des monuments artistiques exécutés avec autant de soin. Et puis le caractère même du pays imposait à la sculpture des données naturelles et impérieuses. Il y a en Égypte, entre l'art et la nature, un rapport intime qui n'a pu échapper à aucun des voyageurs qui ont visité les bords du Nil.

Les chaînes de montagnes encadrant les vallées forment des lignes immenses, égales, monotones mais grandioses; les déserts s'enfoncent à l'horizon, les nappes tranquilles du Nil couvrent le pays et ne sont interrompues que par quelques collines, par quelques monuments émergeant de ses eaux. Ces grands aspects du pays ont eu certainement une part immense dans les représentations, dans la forme et dans le caractère de l'art égyptien, en forçant les sculpteurs,

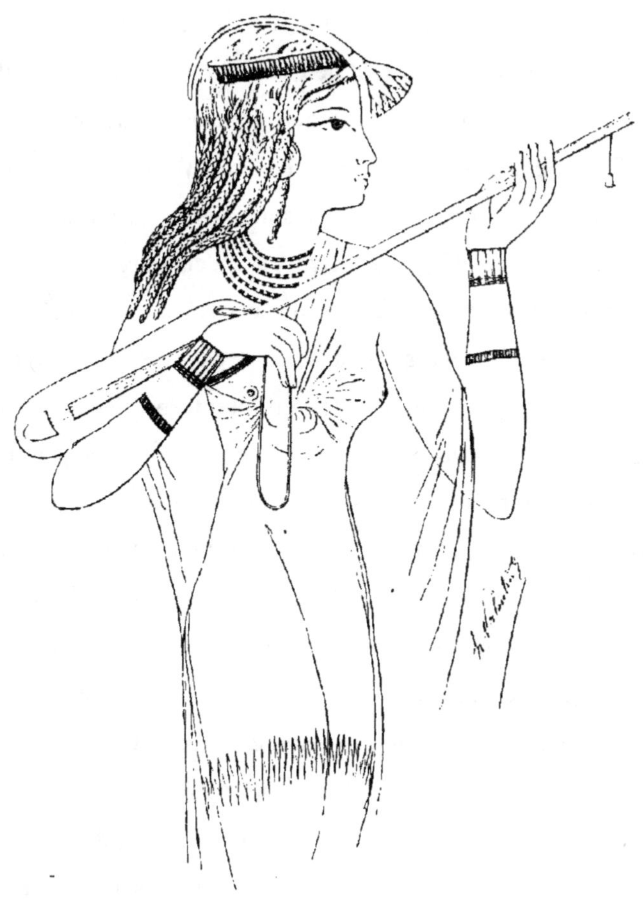

JEUNE MUSICIENNE.

Peinture égyptienne.

D'après Prisse d'Avesnes.

dans ces horizons sans fin, à donner des proportions colossales à leurs monuments, pour être simplement en rapport avec le paysage qui les entourait. Il fallait bien que les statues, pour paraître seulement de grandeur naturelle, fussent deux et trois fois plus grandes que nature. Telle pièce ou telle figure classée aujourd'hui dans nos Musées, qui nous étonne et nous impose par ses dimensions, serait loin de produire le même effet si on la voyait à l'air libre.

La sculpture ronde-bosse en pierre dure a été, en Égypte, plus que dans aucun autre pays, à compter de la XIIe dynastie, dépendante de l'architecture; elle en a été le complément. Celle-ci lui a forcément imposé son caractère massif et raide, l'a assujettie aux lignes verticales et horizontales, nécessaires à son but suprême : la force et la durée. Les partis pris de rectitude et d'immobilité de la sculpture ronde-bosse dans la décoration architecturale ne sont que des preuves de goût et d'un sentiment juste de l'harmonie d'un peuple éminemment décorateur.

Si de ces causes premières l'on rapproche les imperfections de l'outillage et les difficultés de travail dont nous avons parlé; si l'on en rapproche ces procédés incomplets, se heurtant à des matières d'une dureté extraordinaire; si l'on se rappelle enfin que l'art égyptien est toujours brutalement arrêté dans son développement, et que chacune de ses renaissances est interrompue par une nouvelle révolution, on a l'explication naturelle et suffisante du caractère

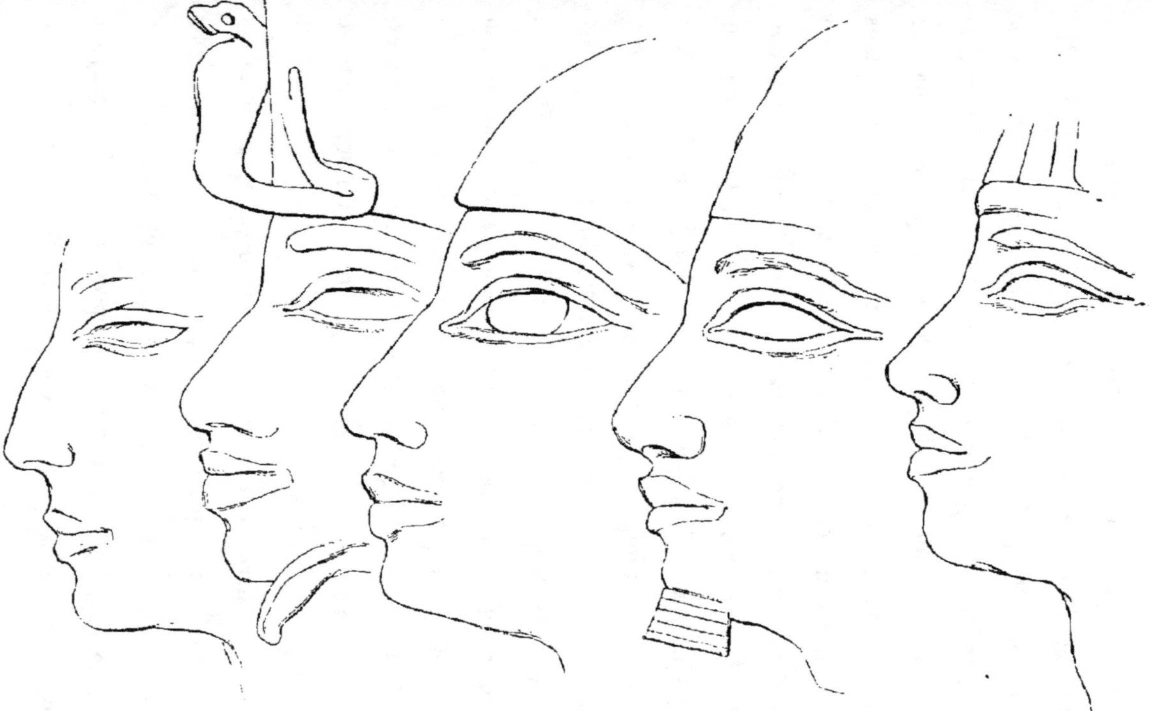

Parallèle de profils égyptiens

Pris dans un bas-relief de la XIX^e dynastie.

uniforme et primitif de cet art. On n'a besoin de s'adresser ni au symbolisme ni au hiératisme. Et cela est si vrai que la période supérieure de cet art et en même temps la plus ancienne, la période de l'ancien Empire, génératrice et inspiratrice des périodes suivantes, est aussi celle où l'influence sacerdotale fut la plus effacée, la plus nulle, dans le gouvernement comme dans l'art; cela est si vrai que, dans les représentations de la vie civile, la sculpture conserve absolument le même caractère que dans les représentations de la vie religieuse; cela est si vrai enfin, qu'à toutes les époques, le type et la proportion des figures, loin d'être uniformes et imposés par la tradition, varient d'une manière remarquable, non pas seulement suivant les temps, mais suivant les lieux et souvent d'une ville à l'autre. Dans les bas-reliefs, dans les peintures surtout, les accessoires, la facture, les sujets, les attitudes sont d'une incroyable diversité. On pourrait signaler aisément des milliers de poses, des types différents, en dehors de toute convention, de toute règle, de toute formule.

M. Charles Blanc, qui s'est beaucoup occupé du canon égyptien des proportions, a cru, à la vérité, pouvoir établir que le médius servait de règle et donnait la dix-neuvième partie de la hauteur de la figure représentée[1]. Nous croyons que chez les Égyptiens et chez les Grecs, comme à notre

1. *Grammaire des arts du dessin*, par M. Charles Blanc. Paris, Ve Jules Renouard. 1867.

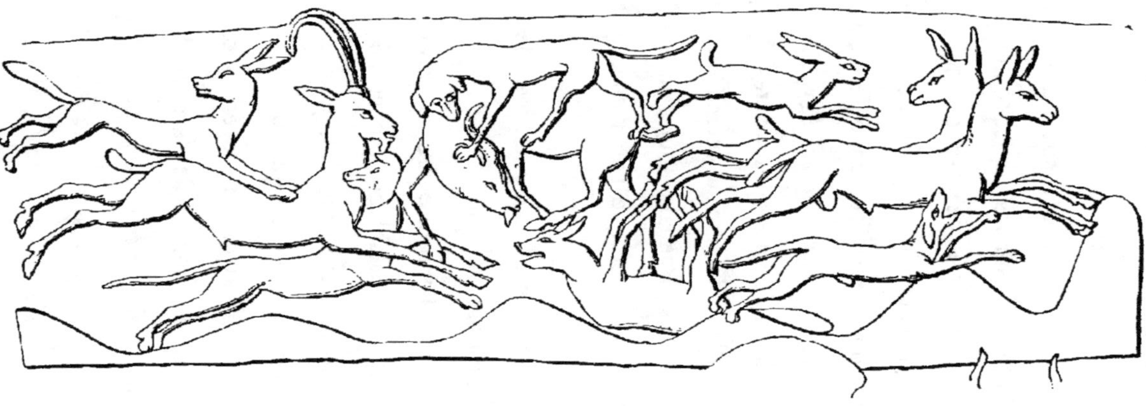

Fragment d'une scène de chasse.

(XIIIe dynastie.) Sculpture de la nécropole de Thèbes.

D'après Prisse d'Avesne.

époque, le canon, ainsi que toutes les règles de proportions connues en tout temps, a surtout servi aux copistes ou pastitheurs, et que les artistes supérieurs s'en sont écartés. Si l'on fondait un jugement sur les règles établies à notre époque par Jean Cousin, Jean de Asphe, Stalba, Albert Dürer, etc., etc..., on pourrait croire plus tard que toutes les statues modernes ont le nez pour unité de mesure.

Il y a d'ailleurs beaucoup de figures égyptiennes faites en dehors de toutes les lois ou règles strictes des proportions, et M. Charles Blanc déclare lui-même que le canon a dû varier plusieurs fois. Pendant tout l'ancien Empire, nous croyons pouvoir affirmer que l'on n'en a pas connu l'usage.

Un fait qui nous paraît avoir dû entraver les progrès de la sculpture, c'est l'habitude probable des sculpteurs ou entrepreneurs égyptiens d'entreprendre le travail à même sur la pierre, sans avoir préalablement cherché le modèle en terre glaise, comme on le fait de nos jours ; une fois le modèle fini, on le moule et on le reproduit mathématiquement dans la matière définitive. Ce procédé a toujours été employé dans les grandes époques de l'art, et il ne nous a pas semblé qu'il ait jamais été mis en usage en Égypte, car nous ne croyons pas qu'on y ait connu le moulage, malgré l'opinion de plusieurs archéologues étrangers.

M. Mariette a trouvé une série de têtes parallèles en pierre, depuis la pierre ébauchée jusqu'à celle qui est

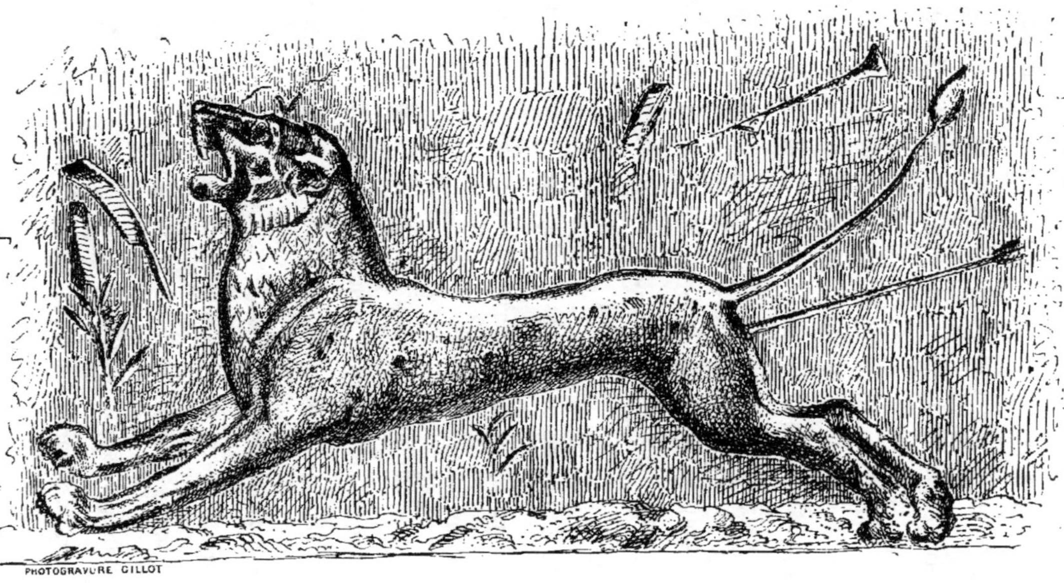


Lion blessé sculpté sur un temple égyptien.

finie. Il est probable que cette série de modèles gradués a servi à former des apprentis sculpteurs, à les conduire jusqu'à une pratique et à une routine suffisantes pour leur permettre de continuer seuls dans les mêmes errements. On comprend qu'une pareille méthode devait forcément engendrer l'uniformité.

M. de Longpérier[1] nous a fait part de l'offre, faite par le D^r^ Meunar, de vendre au Louvre, il y a quelques années, de petites plaques carrées en pierre, avec un sujet de hiéroglyphe sculpté, placé seul au milieu. Ces plaques lui semblaient avoir eu pour but de servir de modèles portatifs aux sculpteurs.

M. de Saulcy en a vu aussi en Égypte, sculptés sous la XVIII^e^ dynastie, et d'une perfection dont les copistes de l'époque n'ont point approché.

Quelques critiques ont émis l'opinion que tous les mouvements exécutés par plusieurs figures étaient soumis au parallélisme des membres doubles et paraissaient obéir à un certain rhythme mystérieux, réglé dans le sanctuaire Nous croirions plutôt que les sculpteurs égyptiens ont fait en cela comme tous les primitifs. S'ils composaient ainsi leurs groupes, c'est que l'exécution en était plus facile, et que des attitudes variées, des mouvements moins uniformes

1. On nous assure que ce savant, à la seule inspection du travail et avant le déchiffrement des inscriptions, donnait la date exacte des sculptures égyptiennes que lui communiquait M. de Rougé.

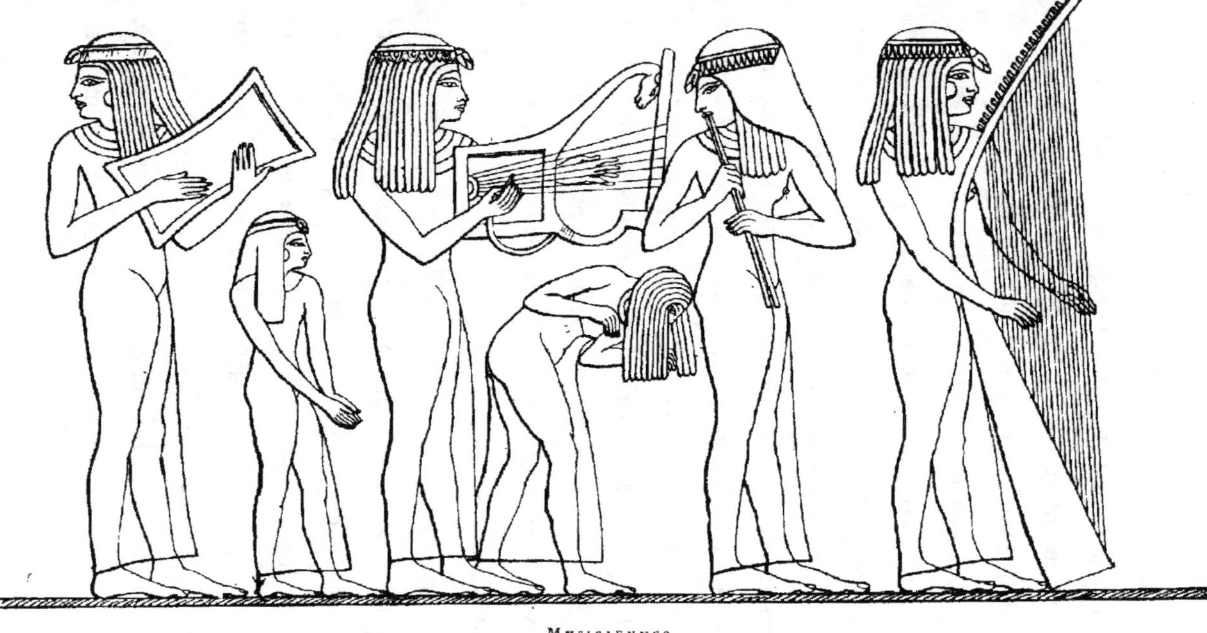

Musiciennes.

XVIII^e^ dynastie. (Nécropole de Thèbes.)

D'après Prisse d'Avesnes.

leur eussent présenté des difficultés presque insurmontables. D'ailleurs, sentant eux-mêmes que la répétition parallèle des mouvements donnait trop d'uniformité, ils ont toujours fait un effort pour sortir de la facilité sculpturale que leur donnait ce moyen, et pour en rompre la monotonie, en introduisant une figure ou un objet contrastant par son mouvement avec les figures ou objets parallèles. Par exemple, si une série de figures présentent un objet aux dieux, il s'en trouvera une parmi elles qui restera un peu en arrière et ne tendra pas son présent dans le même mouvement que les autres. Si plusieurs animaux ayant le même mouvement sont en train de boire, une tête ou deux sortiront de la ligne en ayant l'air d'être rassasiées. Nous donnons ici même un fragment de peinture représentant une *Chasse*, où la variété et la vérité des mouvements sont vraiment merveilleuses[1].

Un autre exemple de la naïveté du dessin antique est la façon toute sommaire dont la plupart des sculpteurs ont rendu l'organe des mains ; les quatre doigts ont tous la même longueur et ne donnent ensemble qu'un seul et même prolongement de matière divisé régulièrement par des stries longitudinales. Dans l'Inde, cette même particularité sculpturale se rencontre avec un caractère exagéré, voulu, car elle était une convention religieuse ; mais en

1. Voir la planche, page 81.

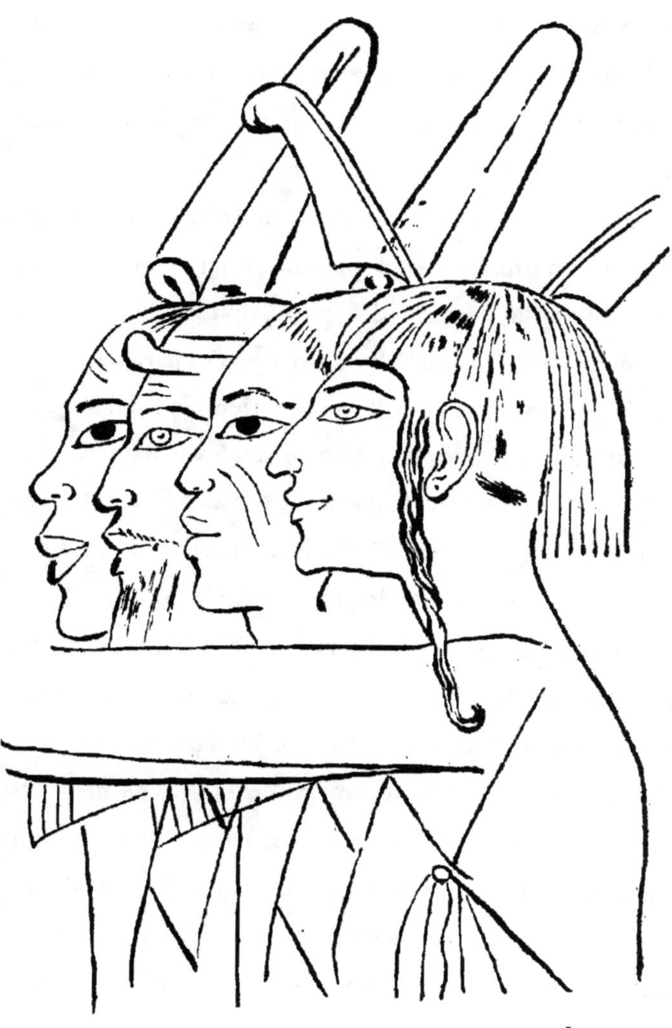

Fac-simile d'une esquisse épurée.

XVIIIe dynastie. (Nécropole de Thèbes.)

D'après Prisse d'Avesnes.

Égypte, aucune loi n'imposait une telle convention, et ce ne fut probablement qu'une routine, une abréviation de travail : car d'autres sculpteurs égyptiens, plus consciencieux, ont parfaitement vu et rendu la différence de forme et de dimension des quatre doigts de la main.

De la même manière simple et naturelle s'explique une particularité du même genre que nous remarquons dans les statues : c'est la position des pieds, qui, au lieu d'avoir leurs pointes écartées en dehors, sont placés parallèlement. Cette imperfection n'a évidemment rien de symbolique : elle n'est qu'une conséquence de la faiblesse d'interprétation des artistes et probablement l'exagération d'une conformation physique particulière à leur race ; enfin, la diminution de longueur des doigts est égale et régulière, contrairement à ce qui s'observe dans la nature et aux vraies idées de la beauté. Cette impéritie dans l'interprétation de la nature se trahit elle-même dans le dessin et l'exécution des parties qui devraient être prises en perspective, dans les bas-reliefs ; les yeux des figures se présentent de face dans les têtes posées de profil ; les critiques modernes ont voulu reconnaître là une idée symbolique, alléguant que les artistes égyptiens, sachant bien dessiner la bouche de profil, auraient pu faire de même pour les yeux ; qu'ils les ont volontairement dessinés de face pour mieux rendre la pensée, dont l'œil est le principal interprète. Cette hypothèse nous paraît dénuée de fondement.

Tous les peuples primitifs ont su tracer la bouche de profil; ils ont tous plus ou moins échoué pour les yeux, car la difficulté d'exécution plastique de ces deux parties du visage

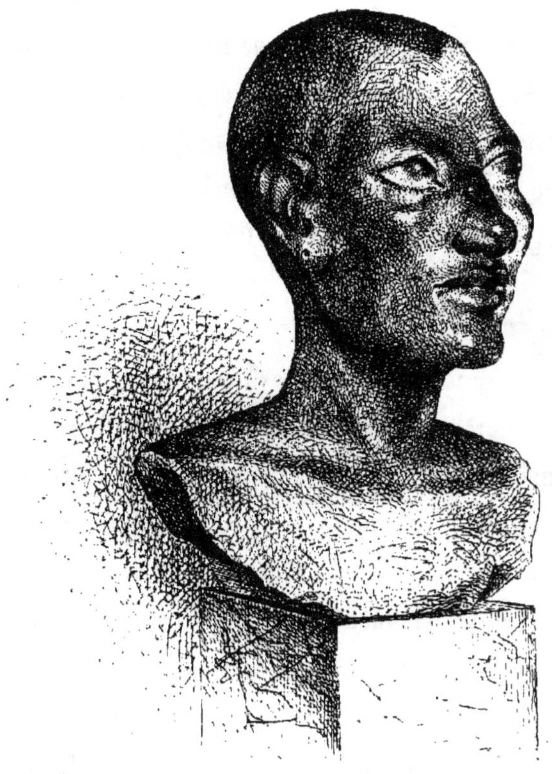

Buste d'un personnage inconnu.

Ancien Empire. (Musée du Louvre.)

ainsi présentées ne peut se comparer. Un enfant, dans le profil informe qu'il s'amusera à tracer, donnera spontanément à la bouche sa vraie position, mais il mettra invariablement l'œil de face. C'est pour des raisons semblables d'inhabileté, et non par obéissance à un rhythme mystérieux, que, dans des figures de profil, les artistes égyptiens ont commencé par dessiner les deux épaules de face, ce qui est devenu plus tard une routine. Enfin, nous devons ajouter pour ce qui concerne le tracé de l'œil, dans les bas-reliefs, que si les Égyptiens sont ceux des peuples primitifs chez qui le défaut de perspective signalé se fait plus remarquer, c'est que leur conformation physique comporte souvent un assez grand aplatissement de l'œil, et une disposition telle que, vu de côté, il paraît posé au moins de trois quarts.

Nous rencontrons encore dans les livres spéciaux cette idée, que les sculpteurs égyptiens imitent la tête humaine avec plus de fidélité que le corps; cela montre bien, dit-on, ce qu'aurait pu être l'imitation dans un art qui fût resté libre. C'est là encore, à notre avis, une complète erreur. Les monuments colossaux, de matière si dure, commandés par l'orgueil royal égyptien, ne pouvaient être exécutés que par un groupe d'artistes réunis pour l'entreprise; pendant un certain nombre d'années, ce groupe travaillait ensemble au colosse, les plus habiles exécutant les parties les plus difficiles, comme les têtes, les mains et les pieds, ce qui donnait à ces parties leur perfection relative. Plus d'une fois, ce furent des captifs étrangers, travaillant de force, qui taillèrent ces immenses colosses. Quel goût, quels soins pouvaient apporter à leur œuvre ces artistes involontaires?

Notons aussi que les Égyptiens n'étudiaient pas l'anatomie, et que le portrait ou la tête, dans son caractère et ses traits principaux, étaient souvent le seul but poursuivi. Et pourtant à quelle force de vérité ne sont-ils pas arrivés, témoin le merveilleux portrait d'un personnage de l'ancien Empire que nous possédons au Louvre (voir la planche ci-jointe). Encore faut-il remarquer que si le travail d'entreprise évitait le détail des muscles, veines, plis de peau, etc., on peut cependant constater souvent la marque de la charpente osseuse.

Mais il est bien évident que là encore, dans ce besoin du colossal et dans ce travail d'entreprise, d'ouvriers plus que d'artistes, qui en était la conséquence, il y a pour la sculpture égyptienne deux éléments d'imperfection et de monotonie dont il faut tenir grand compte et qui ont puissamment contribué, comme l'a dit M. Esnest Renan, à fourvoyer l'art égyptien dans l'impasse du médiocre [1], et que nous ne trouvons pas dans les petits objets usuels toujours artistiques, comme par exemple les cuillers de bois que nous donnons. L'art n'arrive à son apogée que par les efforts simultanés ou successifs, mais toujours distincts, d'individualités douées de génie divers. Or, l'art égyptien, de par les conditions où il se développe, est essentiellement impersonnel : à aucune époque, sur aucun monument égyptien, on

1. *Revue des Deux-Mondes*, 1845.

ne trouve le nom ni d'un peintre, ni d'un sculpteur, ni d'un architecte. Les inscriptions en font honneur au roi sous le règne duquel temples ou statues ont été élevés : du travail et du talent de l'artiste il n'est point question. Tandis qu'en Grèce, même à l'époque byzantine, peintres et sculpteurs sont certains de trouver un public qui les applaudira, des critiques qui les discuteront, des princes et des patriciens qui les combleront d'honneurs, l'artiste égyptien, quelle que soit son œuvre, n'a point de gloire personnelle à attendre. Il ne sait même pas si son œuvre sera vue ou sera enfouie loin des regards, dans quelque impénétrable hypogée. Sa plus grande chance d'être récompensé, ce n'est pas de montrer un génie plus original que ses rivaux, c'est d'élever au monarque une statue plus énorme, dans un bloc plus beau et plus dur que ne l'ont fait ses devanciers.

Résumons-nous : nos conclusions sont bien simples et déjà nous les avons exprimées. On nous permettra de leur donner ici en quelques mots une forme plus nette. Si l'art égyptien, considéré dans son ensemble, offre ce caractère d'uniformité qui frappe tout d'abord; si, quoique majestueux et grandiose souvent, il reste dans ses traits généraux, primitif, imparfait, parfois presque enfantin, ce n'est pas, à notre avis, parce qu'il reste enveloppé dans une tradition mystérieuse et sacrée qui aurait présidé à sa naissance et dompté son essor, ce n'est pas parce qu'il obéit à des rhythmes religieux, à des prescriptions sacerdotales et immuables. Non,

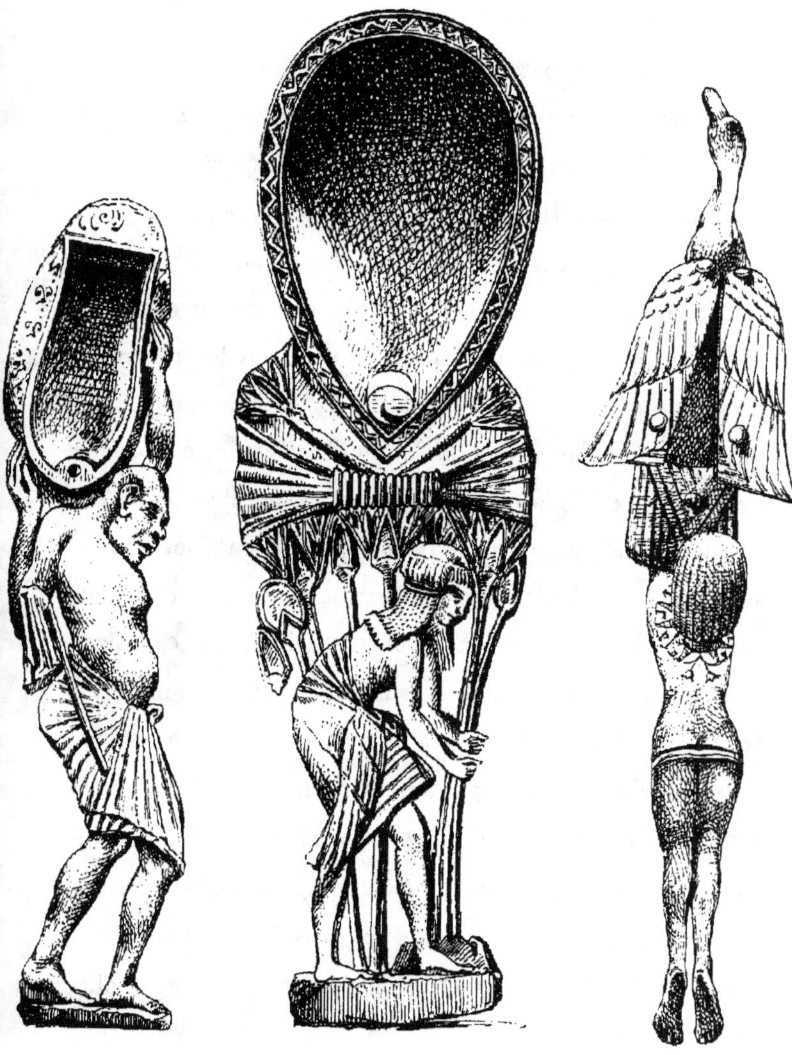

Captif portant un fardeau.

Jeune fille aux roseaux.

Jeune fille nageant

Cuillers en bois appartenant au Musée égyptien du Louvre.

c'est surtout en lui-même, c'est dans les conditions de sa vie propre, c'est avant tout dans le milieu où il naît, dans les procédés et dans les matériaux qu'il emploie, qu'il faut chercher l'explication de cet art particulier, bizarre, isolé de tous les autres, et dans ses variations successives toujours semblable à lui-même. Ce qui l'empêche de jamais se développer au delà d'un certain point, ce n'est pas, autant qu'on le croit, l'influence du prêtre : ce sont les révolutions qui sans cesse le ramènent à son point de départ; ce n'est pas le prêtre non plus qui impose à l'artiste telle attitude, tel mouvement, telle naïveté : c'est l'imperfection de l'outil, marteline ou ciseau; c'est la dureté de la matière, basalte ou porphyre. Certes, nous ne nions pas en Égypte l'action terrible de la domination sacerdotale, mais cette domination ne fait que tardivement ressentir à l'art ses effets. Elle contribue, il est vrai, en isolant l'Égypte, en embaumant le pays entier comme les momies de ses rois et de ses habitants, à priver l'art d'éléments essentiels à sa vie et à son expansion. Mais à l'époque où naît la sculpture égyptienne, au début de l'ancien Empire, nous ne voyons pas trace de prépondérance religieuse. L'art de cette période est un art libre, vivant, progressif : et cependant il offre déjà les mêmes caractères généraux qu'il offrira plus tard. Les autres périodes ne feront qu'imiter celle-là, sans l'égaler cependant. Dans la série des productions artistiques de l'Égypte, l'art de l'ancien Empire est assurément le plus grand, le plus beau, celui qui touche le plus près à la perfection relative.

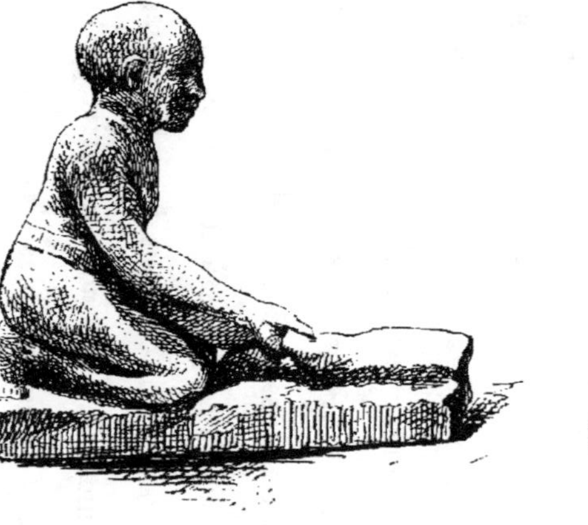

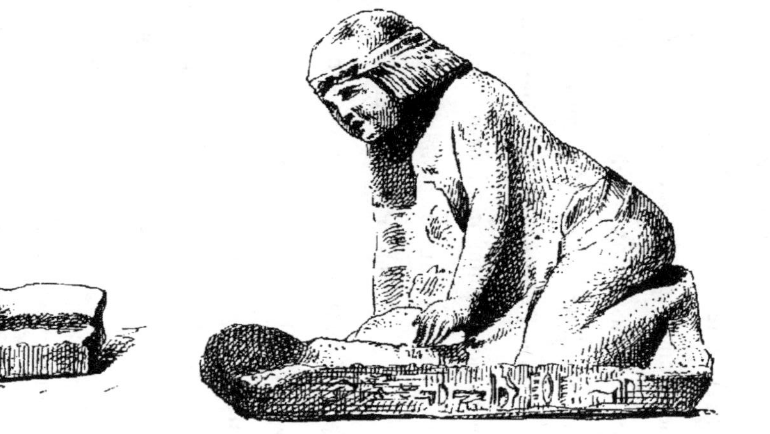

Petites figurines appartenant a l'art de l'ancien Empire.

(Musée de Boulaq.)

La sculpture était déjà en pleine décadence en Égypte quand les Grecs s'inspirèrent des principes de l'art de ce pays et de celui de l'Assyrie ; ils n'en subirent pas longtemps le joug, ceux-ci ne donnant pas à leur caractère léger, voluptueux, vaniteux, les satisfactions qu'ils voulaient tirer de toutes choses ; sans politique déterminée, voyageurs et par conséquent très-tolérants, ils laissèrent facilement s'implanter chez eux, mais en les façonnant à leur image, les dieux des Égyptiens, des Syriens et d'autres peuples. Leur religion en devint plus riche, plus étendue et plus variée ; les prêtres, étant poëtes, purent lui donner une souplesse sans exemple dans les autres pays, et l'art put chercher à sa guise et créer des types nombreux.

Sans doute, toute religion nouvelle chez un peuple crée aux arts une source d'expressions qui, par le mouvement donné aux esprits, atteint très-vite son point culminant ; mais en revanche, le progrès n'est jamais plus menacé que lorsque, tout le pouvoir étant tombé dans les mains des nouveaux dominateurs, ceux-ci laissent écouler des siècles sans favoriser les évolutions nécessaires à toute société. Nous en serions nous-mêmes aux discussions des scolastiques et aux peintures byzantines, si le goût nouveau, avivé par la découverte et l'étude des antiques et des classiques, n'était venu donner un mouvement et amener une révolution calme et lente, mais assez puissante pour permettre à la science et à la critique de protester contre la plus grande de toutes les décadences : l'immobilité. L'art surtout subit cette loi : si la religion ne se modifie pas en même temps que la société, l'expression artistique ayant été trouvée et perfectionnée, on tombe dans les redites. Même chez les peuples les plus doués de vitalité et d'originalité, comme les Grecs, le christianisme a été nécessaire pour leur faire retrouver une nouvelle expression artistique. Aujourd'hui, l'art chrétien ne fait plus que reprendre les traditions de ces deux dernières époques.

Le grand danger, c'est le jour où la masse s'aperçoit qu'elle est restée en arrière des progrès de ses voisins, une révolution, violente à l'excès, attaque ce passé. L'Égypte, après une longue décrépitude où l'art, la langue, l'écriture sont en pleine décadence, devient une préfecture romaine. La religion chrétienne est impuissante à y opérer une évolution artistique. Il faut attendre que le Coran apporte, à son tour, une nouvelle transformation, pour que l'art entre dans une nouvelle phase en Égypte; mais, par cette loi curieuse qui fait qu'un excès en amène un autre, la sculpture, après avoir joué un rôle prépondérant dans la première religion, sera complétement éliminée dans la troisième; et aujourd'hui, après avoir produit des chefs-d'œuvre, voici sept mille ans, la sculpture égyptienne n'existe plus.

# APPENDICE

# EXTRAIT

DU

JOURNAL OFFICIEL DE LA RÉPUBLIQUE FRANÇAISE.

---

## ACADÉMIE DES INSCRIPTIONS ET BELLES-LETTRES.

SÉANCE DU 23 JANVIER 1874.

*Présidence de M. Ch. JOURDAIN.*

---

M. Adrien de Longpérier lit un mémoire de M. Chabas, de Chalon-sur-Saône, sur le nom du fer chez les anciens Égyptiens.

On se souvient peut-être que récemment M. Soldi présentait à l'Académie des observations intéressantes sur l'emploi du fer pour la taille, la gravure et l'ornementation des roches extrêmement dures qui servaient, sous les Pharaons, aux monuments et aux œuvres d'art. M. Soldi a découvert, par l'examen direct des statues, des hiéroglyphes et des tombeaux, que les Égyptiens non-seulement connaissaient le fer et l'acier, mais qu'ils s'en servaient, contrairement à l'opinion reçue, dans la construction des édifices sacrés; il a même décrit les espèces diverses d'instruments, la masse, la pointe, le ciseau, dont il a reconnu les traces sur les monuments.

La note de M. Chabas a un objet différent, mais on peut prévoir qu'elle amènera sans tarder des résultats intéressants pour la thèse que soutient M. Soldi. M. Chabas croit avoir découvert le nom spécial donné par les hiéroglyphes au fer. Ce nom serait *Ba* ou *Baa;* il ne s'appliquerait ni au cuivre, ni au bronze, ni au plomb, ni à aucun alliage.

M. Lepsius a consacré un mémoire à la question du nom des métaux chez les Égyptiens, et ce mémoire a été complété par des observations de M. Dümichen; M. Dévéria a inséré dans les *Mélanges d'égyptologie et d'assyriologie,* fondés par M. Ém. de Rougé, un article important sur le nom et les emplois du fer et de l'acier. Toutefois, l'étude des inscriptions a laissé chez les égyptologues plus d'un point obscur ou contesté. Cela se conçoit: les Égyptiens n'étaient, à proprement parler, ni métallurgistes, ni minéralogistes; ils se servaient de données empiriques. Leur classement des métaux ne nous offre donc pas une prise bien solide. M. Chabas signale l'exagération ordinaire des textes hiéroglyphiques, où tout ce qui est doré, par exemple, prend le nom de l'or. N'est-ce pas ainsi qu'ils ont désigné l'or au moins par quatre noms différents, ce qui a donné à M. Lepsius l'idée que l'un de ces noms s'appliquait spécialement au mélange d'or et d'argent, appelé *électrum* dans l'antiquité, et dont M. Schliemann vient de trouver des spécimens si nombreux en Troade? De même le cuivre et les différentes espèces de bronze sont désignés par des groupes assez nombreux. Le nom du fer est très-controversé.

Pour élucider le problème, il faudrait, à côté d'un instrument qui ne pourrait être que du fer, ou dans un texte s'occupant de cet instrument, trouver. le nom cherché. M. Chabas croit y être parvenu. Ce nom serait *Ba* ou *Baa*. M. Dévéria a donné la liste des amulettes utilisées dans l'opération mystique qui consistait à ouvrir la bouche et les yeux du mort. L'ouverture, suivant un texte du Louvre, se faisait avec divers instruments, l'un desquels a la forme d'une cuisse d'animal, et doit être de *Baa*. Notre musée possède justement un objet de cette forme, et il est de fer. Un instrument employé également à l'ouverture de la bouche avait la forme d'une hachette et s'appelait *Nou*. La collection du Louvre possède plusieurs exemplaires de ce type; l'un d'eux a un manche d'ivoire, la lame, la douille et la goupille en fer ou en acier; l'autre a un manche de bois dur; il a perdu sa lame, mais conserve encore sa douille et sa goupille de fer.

Les textes appellent aussi cet outil *Nou d'Anubis*. Ce

Dieu, comme on sait, préside aux cérémonies de la momification et des funérailles.

Une belle stèle du musée de Leyde, récemment publiée par M. Leemans, prouve d'une manière décisive, suivant M. Chabas, que le nom du fer est *baa*. Cette stèle est celle d'un gardien du trésor de Memphis. Elle n'est pas datée par un cartouche, mais elle présente tous les caractères de la bonne époque pharaonique (de la dix-huitième à la vingtième dynastie). Dans l'une des scènes de cet important monument, on voit le défunt debout devant quatre plateaux chargés d'offrandes. Au-dessus est un tableau qui donne le détail des objets offerts, au nombre de plus de soixante espèces, par lesquels il y a cinq noms. M. Chabas traduit ainsi les cinq légendes, où il ne rencontre, dit-il, aucune difficulté.

« 1. — Nou d'ivoire à lame de baa (fer), selon son nom. Nou 1.

« 2. — Nou de bois d'ouan, à lame de baa (fer), son nom Oerhakou. Nou 1.

« 3. — Nou d'ivoire, à lame de baa (fer), son nom Neterha. Nou 1.

« 4. — Nou de bois de Mer, à lame de baa (fer), son nom Anubis. Nou 1.

« 5. — Nou d'ivoire, à lame de baa (fer), son nom Lève-main. Nou 1. »

On le voit, la lame de tous ces instruments est du métal

baa, et leur description est parfaitement conforme à celle que donne M. Dévéria des trois *nous* du Louvre, d'où la conséquence que le mot de baa signifie « fer », ce métal étant celui qui forme la lame de ces *nous*.

M. Léon Renier présente avec éloges un travail d'épigraphie de M. Robert Mowat, sur lequel nous aurons occasion de revenir.

Ferdinand DELAUNAY.

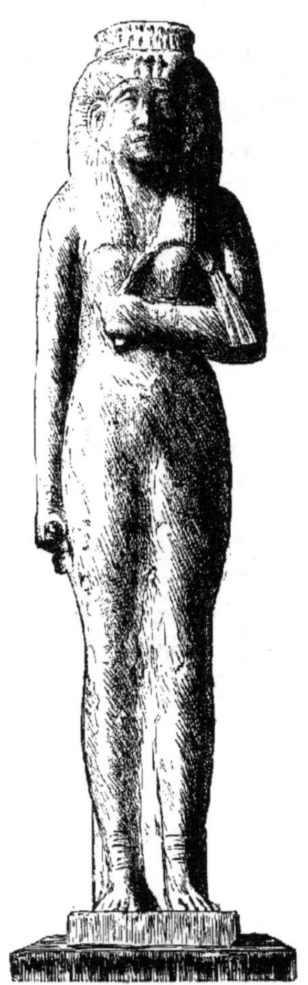

La reine Améněritis.

XXVI^e^ dynastie. (Musée de Boulaq)

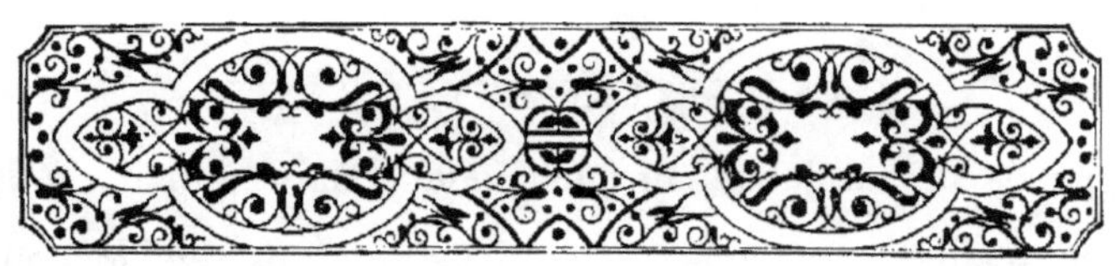

# LE FER CHEZ LES GRECS

EXTRAIT DU MONITEUR UNIVERSEL

DU 8 JANVIER 1876.

## CAMPOS UBI TROJA FUIT!

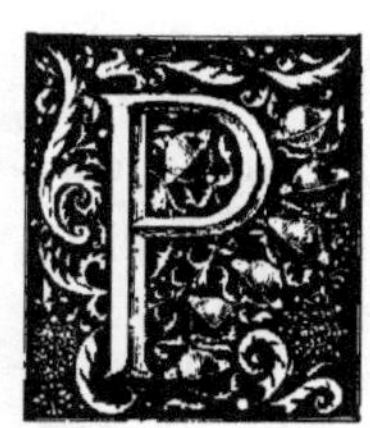

ARMI les objections qui ont été adressées à M. Schliemann pour lui prouver qu'il n'avait point trouvé les restes de Troie, il en est une qu'il est bon de mentionner, car il me semble que, loin d'infirmer la découverte, elle plaide en sa faveur. On a dit que les objets recueillis dans la seconde couche des décombres d'Hissarlik remontaient probablement au XVII^e^, peut-être même au XVIII^e^ siècle avant l'ère chrétienne, et qu'ils se rapportaient à l'âge de bronze, tel qu'il se manifeste dans toute l'Europe. Ceci ne serait sérieux que si la date habituellement attribuée à la prise de Troie (1184 avant J.-C.) était appuyée sur un document quelconque. Mais ce qu'il y a de remarquable, c'est que cette objection, qui semble contradictoire au premier abord, est en concordance exacte avec toute l'*Iliade,* qui appartient, sans contestation possible, à l'âge de cuivre. Le mot *chalcos,* que l'on traduit par cuivre, bronze, airain, est le seul employé par Homère lorsqu'il décrit les armes offensives et défensives; le mot *sidiros,* qui signifie exactement fer, est presque toujours suivi de l'épithète *polykmitos,* difficile à travailler ou qui a coûté beaucoup de travail.

C'était une richesse; Dolon, lorsqu'il est pris par Ulysse, offre, en rachat, du fer; Adraste promet à Ménélas, s'il veut lui laisser la vie, « du cuivre, de l'or, du fer difficile à travailler ». On semble l'avoir gardé, à cette époque, pour les travaux de l'agriculture. Lors des jeux en l'honneur de Patrocle, Achille, montrant le bloc de fer qu'il s'agit de lancer, dit : « Celui qui le gagnera aura du fer pendant plus de cinq années ; quand même il posséderait des champs étendus, ses bergers et ses laboureurs ne seront point contraints d'aller en acheter dans les villes, car ils en auront suffisamment. » Bien longtemps après cette époque, dans le traité de paix que les Romains conclurent avec Porsenna, il fut juré que le fer serait désormais exclusivement réservé à l'agriculture (Pline, XXXIV, ch. 14). L'art de bien forger le fer fut une des causes des succès militaires des Romains; nos pères, les Gaulois, en firent la dure expérience.

De ce que le fer était connu au temps d'Homère — sinon au temps de la guerre de Troie — il ne faut point croire que l'âge de cuivre avait subitement cessé. Avant que l'âge de fer se fût définitivement substitué à l'âge de cuivre, il s'est passé bien des années et peut-être bien des siècles ; l'âge de pierre n'est pas encore éteint aujourd'hui; dans certains pays d'Orient la circoncision israélite est obtenue à l'aide d'un canif en obsidienne et, en Grèce même, on se sert de couteaux de même matière pour détacher les épis de blé. Les glaives, les couteaux à sacrifice, les pointes de lance, les pointes de flèche, les casques, les cuirasses de l'*Iliade* sont en *chalcos ;* une seule fois, je crois, il est question d'un marteau de fer (*sidiros*), et c'est l'outil d'un dieu, de Vulcain. Le doute n'est pas possible à cet égard, car le texte est formel. Au lieu de contester l'importance homérique des fouilles de M. Schliemann en s'appuyant sur les dates qui ne sont rien moins que certaines, il serait plus sage, à mon avis, de se servir de ses découvertes troyennes pour déterminer approximativement la date de la prise de Troie.

. . . . . . . . . . . . . . . . . . . .

Maxime DU CAMP.

---

# TORSE ÉGYPTIEN

## A L'ÉTAT D'ÉBAUCHE

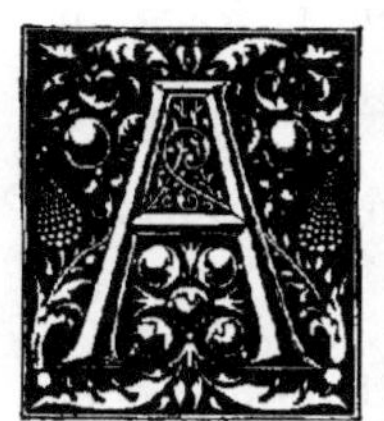

u moment de faire paraître ce travail, un de nos amis, M. Geslin, architecte, ancien inspecteur du département des antiques au Louvre, très-versé dans les questions de l'histoire de l'art, a bien voulu nous montrer un petit monument égyptien qu'il possède, et nous en communiquer le dessin ci-joint. Ce petit torse à l'état d'ébauche appartient par sa forme svelte à la huitième dynastie, et donne un témoignage précieux de cette simplicité de moyens sur laquelle nous avons tant appuyé dans cet ouvrage.

Cette petite figurine est en pierre tendre et taillée à l'aide d'un seul outil, évidemment pareil à celui en usage de nos jours, connu sous le nom de gouge à pierre ; c'est une lame de métal ayant un bout tranchant un peu concave et un manche en bois. Ce qui est très-particulier, c'est que le sculpteur égyptien s'est servi de cet instrument toujours de la même manière, en taillant régulièrement de bas en haut ou verticalement. C'est ainsi, comme on peut le voir à la cambrure des reins, qu'il a terminé son travail sans déroger un instant de son procédé. Les sillons tracés par l'outil dans la pierre manquent de netteté ; ils ne semblent pas avoir été enlevés par un métal aigre comme l'acier, et tout nous paraît démontrer qu'il devait être en bronze et analogue à celui trouvé par M. Wilkinson.

M. Geslin a dessiné de préférence la partie postérieure de la figure, la face montrant moins nettement la trace du procédé employé, car elle est déjà terminée par endroit à l'aide d'une pierre à grain fin remplaçant notre râpe actuelle.

Comme on le voit, ce petit torse complète heureusement ce que nous avons dit des outils à pierre tendre dans notre critique des figures de Sepa et Nesa du musée du Louvre. Il est probable que cette ébauche a été faite comme étude ; sa petite dimension, le peu d'intérêt qu'elle pouvait offrir une fois terminée (le sculpteur s'étant volontairement borné au torse, les emmanchements étant coupés et non cassés par accident), tout peut faire croire que, différemment des modèles gradués dont nous avons parlé, nous sommes ici en face d'une étude.

De même que quelques figurines du même genre placées

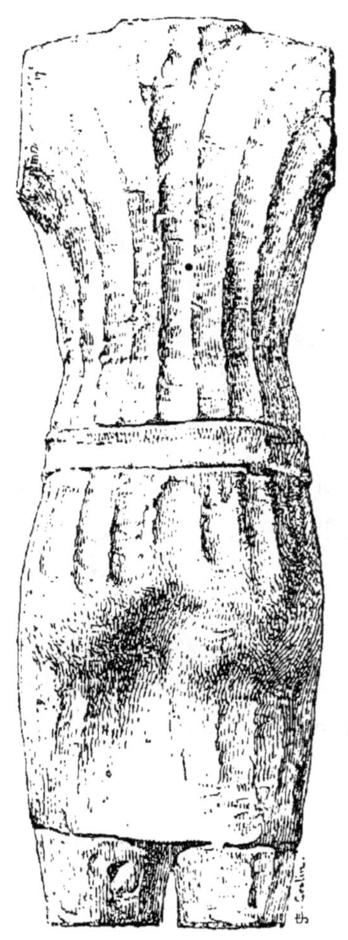

Torse égyptien a l'état d'ébauche.
Pierre tendre. XVIIIe dynastie.
Dessiné par M. Geslin et tiré de sa collection.

dans une vitrine de la première salle égyptienne du Louvre, le petit torse porte des marques de repère ou de division, attribuée par plusieurs savants à l'adoption d'un canon. Dans sa dernière brochure, M. Lepsius, revenant sur cette question, pense que les carreaux sont la représentation des mailles d'un filet placé sur l'objet à imiter, pour aider ainsi à l'exactitude de la copie. Nous ne partageons pas cette opinion, et nous persistons à voir de simples repères dans toutes les indications de ces statuettes.

Nous n'avons pas besoin d'insister sur l'étrangeté du procédé de taille longitudinale que démontre le petit torse ébauché ; un pareil travail fait de l'artiste une machine comprenant bien la silhouette, mais ne sentant pas l'enveloppe de la forme, et ne peut engendrer qu'une exécution imparfaite.

Le petit monument de M. Geslin est assurément un des exemples les plus rares et les plus intéressants pour l'histoire de l'art égyptien.

E. S.

# LA MÉCANIQUE ÉGYPTIENNE[1]

> « On ne peut douter que les Égyptiens n'aient employé des machines d'un effet prodigieux pour transporter au loin et élever à de grandes hauteurs les énormes blocs de pierre dont se composent leurs pyramides... »
>
> *Nouveau Dictionnaire des Origines, Inventions et Découvertes*, par MM. Noël et Carpentier. Paris, 1834.

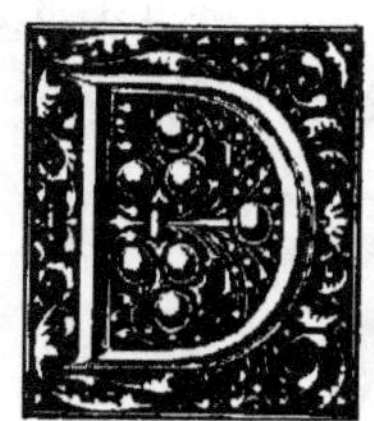

E même que pour la taille des matériaux l'on a toujours voulu trouver des procédés extraordinaires chez les Égyptiens, non-seulement pour l'extraction des blocs de pierre dans les carrières, mais aussi pour les transports, l'érection des obélisques et la construction des pyramides.

Cependant, sur tous ces points, nous sommes bien

1. Voir la planche II, page 45.

autrement renseignés que pour la formation de l'art en Égypte; nous croyons donc suffisant pour l'édification de nos lecteurs de citer quelques passages d'auteurs classiques qui démontrent péremptoirement que, dans la mécanique comme dans la taille des matériaux, le nombre des travailleurs et le temps ont été leurs principaux auxiliaires.

Voici ce que raconte Hérodote à propos de la construction de la grande pyramide : « Les uns furent occupés à fouiller les carrières de la montagne d'Arabie, à traîner de là jusqu'au Nil les pierres qu'on en tirait, à passer ces pierres sur les bateaux de l'autre côté du fleuve; d'autres les recevaient et les traînaient jusqu'à la montagne de Libye. On employait tous les trois mois cent mille hommes à ce travail. Quant au temps pendant lequel le peuple fut ainsi tourmenté, on passa dix années à construire la chaussée par où on devait traîner les pierres. Cette chaussée est un ouvrage qui n'est guère moins considérable, à mon avis, que la pyramide même; car elle a cinq stades de long sur dix orgyes de large, et huit orgyes de haut dans sa plus grande hauteur; elle est de pierres polies et ornées de figures d'animaux. On passa dix ans à travailler à cette chaussée, sans compter le temps qu'on employa aux ouvrages de la colline sur laquelle sont élevées les pyramides, et aux édifices souterrains qu'il (Schafra) fit faire, pour lui servir de sépulture, dans une île formée par les eaux du Nil, qu'il y introduisit par un canal. La pyramide même coûta vingt années de travail : elle est carrée ; chacune de ses faces a huit pléthres de largeur sur autant de hauteur; elle est en grande partie de pierres polies, parfaitement bien jointes ensemble, et dont il n'y en a pas une qui ait moins de trente pieds.

« Cette pyramide fut bâtie en forme de degrés. Quand on eut commencé à construire de cette manière, on éleva de terre les autres pierres ; et, à l'aide de machines faites de courtes pièces de bois, on les monta sur le premier rang d'assises. Quand une pierre y était parvenue, on la mettait dans une autre machine qui était sur cette première assise ; de là on la montait par le moyen d'une autre machine, car il y en avait autant que d'assises : peut-être aussi n'avaient-ils qu'une seule et même machine, facile à transporter d'une assise à l'autre, toutes les fois qu'on en avait ôté la pierre. Je rapporte la chose des deux façons, comme je l'ai ouï dire. On commença donc par revêtir et perfectionner le haut de la pyramide ; de là on descendit aux parties voisines, et enfin on passa aux inférieures et à celles qui touchent la terre. On a gravé sur la pyramide, en caractères égyptiens, combien on a dépensé pour les ouvriers en raiforts, en oignons et en aulx; et celui qui m'interpréta cette inscription me dit, comme je m'en souviens très-bien, que cette dépense se montait à seize cents talents d'argent. Si cela est vrai, combien doit-il en avoir coûté pour les outils en fer, pour le reste de la nourriture et pour les habits des ouvriers, puisqu'ils employèrent à cet édifice le temps que nous avons dit, sans compter celui qu'ils mirent, à mon avis, à tailler les pierres, à les voiturer, et à faire les édifices souterrains, temps qui fut sans doute considérable. »

Plus loin, nous trouvons le passage suivant, donnant un témoignage curieux de l'impuissance relative des Égyptiens en matière de transport : « Amasis (successeur d'Apriès) fit bâtir à Saïs, en l'honneur de Minerve, le portique de son temple, édifice digne d'admiration et qui surpasse de beaucoup tous les autres ouvrages de ce genre, tant par sa hauteur et son étendue que par la quantité et la grandeur des pierres qu'on y employa. Il y fit placer des statues colossales et des androsphinx d'une hauteur prodigieuse. On apporta aussi par son ordre des pierres d'une grosseur démesurée pour réparer le temple. On en tira une partie des carrières qui sont près de Memphis; mais on fit venir les plus grandes de la ville d'Éléphantine, qui est éloignée de Saïs de vingt journées de navigation.

« Mais ce que j'admire davantage, c'est un édifice d'une seule pierre qu'il fit apporter d'Éléphantine. Deux mille hommes, tous bateliers, furent occupés pendant trois ans à ce transport. Il a en dehors vingt et une coudées de long, quatorze de large et huit de haut. Telles sont les dimensions extérieures de cet ouvrage monolithe. Sa longueur en dedans est de dix-huit coudées, plus vingt doigts;

sa largeur, de douze coudées; sa hauteur, de cinq. Cet édifice est placé à l'entrée du lieu sacré. On ne l'y fit point entrer, disent les Égyptiens, parce que, pendant qu'on le tirait, l'architecte, fatigué et ennuyé d'un travail qui lui avait coûté tant de temps, poussa un profond soupir. Amasis, regardant cela comme un présage fâcheux, ne voulut pas qu'on le fît avancer plus loin. Quelques-uns disent aussi qu'un de ceux qui aidaient à le remuer avec des leviers fut écrasé dessous, et que ce fut pour cela qu'on ne l'introduisit pas dans le lieu sacré. »

Le témoignage d'Hérodote pour la construction de monuments aussi anciens que les pyramides peut être d'une exactitude contestable. Diodore entre autres trouve peu clair et invraisemblable l'emploi de machines faites de courtes pièces de bois ; cet auteur pense que les Égyptiens ont amené les pierres jusqu'au sommet des pyramides à l'aide de chemins montant jusqu'au sommet, en termes techniques, d'un plan incliné. Ce fut en effet le moyen le plus en usage en Égypte à toutes les époques. Mariette-Bey signale dans ses fouilles des amas de briques ayant servi à construire le plan incliné du temple voisin. M. Wilkinson ne s'explique pas sur les machines d'Hérodote, mais il n'accepte pas le plan incliné de Diodore pour une hauteur telle que celle des pyramides. Sans vouloir préjuger la question, nous ne voyons pas l'impossibilité d'un pareil travail avec la masse d'hommes dont les Égyptiens ont toujours disposé.

Nous trouvons dans une brochure intitulée : « De la civilisation égyptienne depuis l'établissement des Grecs sous Psammetichus jusqu'à la conquête d'Alexandre[1] » le passage suivant où l'auteur, le célèbre savant Letronne, nous paraît résumer la question :

« Je suis étonné autant que personne, dit Letronne à la page 27, de la patience et de l'adresse que ceux-ci ont déployées en ces occasions ; mais j'ai toujours été fort éloigné de leur attribuer, comme on l'a fait souvent, une mécanique aussi perfectionnée, pour le moins, que celle des modernes. S'ils avaient eu de telles ressources, les Grecs en auraient eu connaissance, eux qui, depuis Psammetichus, parcourant librement l'Égypte, furent les témoins des immenses travaux de ce prince et de ses successeurs. Or, que la mécanique des Grecs fût encore à cette époque dans l'enfance, cela résulte du moyen grossier qu'employa Chersiphron, l'architecte du premier temple d'Éphèse, commencé au temps de Crésus et d'Amasis[2].

« N'ayant point de machine pour élever les énormes architraves de ce temple à la grande hauteur où elles devaient être portées, il fut réduit à enterrer les colonnes au moyen de sacs de sable[3] formant un plan incliné, sur

1. Publiée chez Fournier en 1845.

2. Ce synchronisme résulte pour moi de ce que, selon Hérodote (I, 92), Crésus avait fourni la plupart des colonnes du temple.

3. Pline, XXXVI, 21 (14).

lequel les architraves étaient roulées à force de bras. Ce passage de Pline est une autorité historique en faveur de l'usage que les Égyptiens eux-mêmes faisaient du plan incliné pour porter les lourds fardeaux à un niveau élevé; car il est impossible que s'ils avaient eu un moyen perfectionné et moins pénible, les Grecs ne l'eussent point connu. C'est à l'aide de ce procédé que purent être élevés les blocs des colonnes de la salle hypostyle de Karnak, qui ont vingt et un mètres de haut et onze mètres de tour, ainsi que leurs énormes architraves. On enterrait toutes les colonnes à mesure qu'elles s'élevaient, et l'on allongeait graduellement le plan incliné, ou l'on en multipliait les rampes, selon le besoin. Une application du même procédé, c'est-à-dire un plan incliné en spirale, à peu près tel que l'avait conçu Huyot[1], a fourni le moyen de dresser les obélisques et cela sans autre secours, comme les Indiens d'aujourd'hui, que celui des leviers et d'une multitude de bras habilement combinés. C'est ainsi que Rhamsès avait employé cent vingt mille hommes pour dresser un des obélisques de Thèbes, fait qui seul annoncerait l'extrême imperfection, ou plutôt l'absence totale de mécanique[2].

« Et, en effet, dans aucune peinture égyptienne on n'aperçoit ni poulies, ni moufles, ni cabestans, ni machines

1. Son dessin est déposé à l'École des Beaux-Arts.

2. Pline, XXXVI, 9.

quelconques; si les Égyptiens en avaient eu l'usage, on en trouverait la trace dans un bas-relief d'Osortasen[1] qui nous représente le transport d'un colosse. Six mille hommes ne suffisaient pas ; on en prenait dix mille, autant qu'on en pouvait réunir sur un point et pour une même action. Ce bas-relief remarquable fait tomber bien des préjugés, en nous montrant que la mécanique des Égyptiens, comme celle des Indiens actuels et des Mexicains, qui, sous Montezuma, transportaient des masses énormes sans machines d'aucune sorte[2], a dû consister dans l'emploi de procédés très-simples, indéfiniment multipliés, et coordonnés habilement par une longue habitude de remuer de très-lourdes masses[3]. »

Une anecdote racontée par Mariette-Bey à un de nos amis démontre bien que cette simplicité de moyens dans la mécanique ancienne est restée encore de nos jours dans l'esprit des Egyptiens. Cet illustre savant, voulant posséder un sarcophage enfoui au fond d'un puits, s'était adressé à

1. Celui que nous avons reproduit page 45.

2. P. Martyr, *De Orbonovo*, decad. V, cap. X, cité par Prescott (Voy. M. Michel Chevalier, dans la *Revue* du 15 mars, p. 979).

3. M. Prisse (qui vient de faire présent à son pays des bas-reliefs de la chambre de Thoutmosès III), m'entendant lire ce passage à l'Académie, m'a communiqué une observation qu'il a faite à Thèbes, où il a remarqué les restes d'un *plan incliné* qui a servi à élever les énormes pierres d'un des pylônes de Karnak. Mes vues se trouvent, sur ce point, confirmées par un fait positif que je ne connaissais pas. (Voy. la *Revue Archéologique*, t. I, p. 645.)

des ingénieurs européens pour l'en extraire. Ceux-ci lui demandèrent une telle somme pour amener dans le désert les poulies et les cordages qui leur étaient nécessaires, que Mariette allait abandonner le monument, lorsque deux Égyptiens, ayant su ce dont il s'agissait, lui proposèrent de le retirer pour la moitié du prix demandé par les ingénieurs. Mariette ayant accepté, l'un d'eux descendit au fond du puits, avec un levier et des traverses, et souleva continuellement le sarcophage, pendant que l'autre, resté au dehors, jetait du sable dans le puits. Ils arrivèrent ainsi à combler celui-ci et à amener le sarcophage jusqu'à la surface.

Pline, à propos de l'érection d'un obélisque par Ramsès, dit que ce Pharaon y employa cent vingt mille hommes, exagération évidente, mais qui témoigne en tout cas de l'importance du nombre d'hommes que l'on estimait nécessaire. Pline ajoute que Ramsès, craignant que les machines ne fussent pas assez fortes pour le poids du monolithe et voulant augmenter par le péril la vigilance des ingénieurs, fit attacher son propre fils au sommet, afin que le salut du prince « profitât en même temps à la pierre ».

Dans un autre passage, Pline raconte que Philadelphe en érigea un de quatre-vingts coudées à Alexandrie. « *C'était,* dit-il, *une opération bien plus difficile de le transporter et de le dresser que de le tailler.* » Quelques-uns rapportent qu'il fut amené sur un radeau par l'architecte

Satyrus. Callixène dit qu'il le fut par Phœnix. « On amena le Nil, par un canal, jusqu'à l'obélisque couché ; deux bateaux larges, portant en blocs de la même pierre que l'obélisque un chargement double de sa masse, et par conséquent de son poids, furent conduits sous le monument, qui reposait par ses deux extrémités sur les deux rives du canal ; puis on ôta les blocs de pierre ; les deux bateaux se relevèrent, et se chargèrent du fardeau qui leur était destiné. On le posa sur six des blocs taillés dans la même montagne, et l'artiste reçut en don cinquante talents. »

Nous avons trouvé chez les auteurs anciens le récit de plusieurs érections d'obélisques faites pour les empereurs romains ; et nous rappelons que l'on conservait à Rome, comme témoignage d'admiration pour les difficultés vaincues, les vaisseaux qui furent construits pour amener les monolithes égyptiens.

Pour en revenir à notre planche qui explique si bien les moyens de transport usités en Égypte, elle est tirée de l'atlas de Minutoli, dans lequel elle est coloriée. La statue est en blanc, son capuchon en bleu et les hommes en rouge. Dans la première rangée, les hommes, de deux en deux groupes, ont des espèces de bandelettes blanches croisées sur la poitrine, ce qu'on ne voit pas dans notre gravure.

Nous ferons remarquer aussi les hommes qui portent de l'eau, d'autres qui la versent sur les cordages pour empêcher qu'ils ne prennent feu, enfin ceux qui portent sur les épaules des madriers à crans. Le traineau sur lequel est posé le monolithe est tiré par cent soixante-douze hommes, divisés en quatre rangs de quarante-trois hommes. Une partie semble des captifs étrangers habillés du costume de leur pays. Dans notre planche ne figurent pas quatre rangées d'hommes, au nombre de douze, dont l'emploi n'est pas indiqué et une autre troupe de captifs destinés à remplacer les autres lorsqu'ils étaient fatigués.

Le personnage le plus caractéristique est celui qui bat la mesure des mains, probablement pour marquer le temps ou rhythmer le chant des travailleurs et assurer ainsi la simultanéité du tirage. Cette habitude existe encore de nos jours chez plusieurs peuples pour les travaux similaires.

Tout le champ libre de la peinture est rempli par des hiéroglyphes donnant des détails sur le transport, qui nous apprennent que la statue avait douze coudées de hauteur. Quelques points restent à discuter dans cette représentation. Quelle était la nature du sol sur lequel glisse le traîneau? Était-il couvert d'un lit de planches comme le pense M. Wilkinson? Qu'est-ce que verse l'homme debout sur le piédestal? Est-ce de la graisse ou simplement de l'eau pour faire glisser le traîneau?

Ces questions à élucider sont de peu d'importance, auprès de la lumière qui se répand, comme on a pu le voir, grâce aux fouilles et aux travaux de la science moderne, sur les civilisations les plus reculées.

Quelques découvertes nouvelles de notre savant compatriote Mariette-Bey nous permettront, dans un des prochains volumes de ce recueil, d'émettre quelques idées que nous croyons importantes sur l'origine de l'art en Égypte.

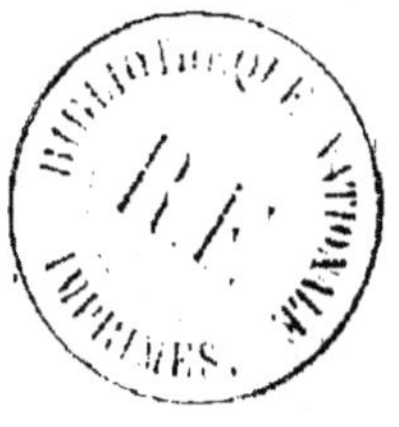


E. S.

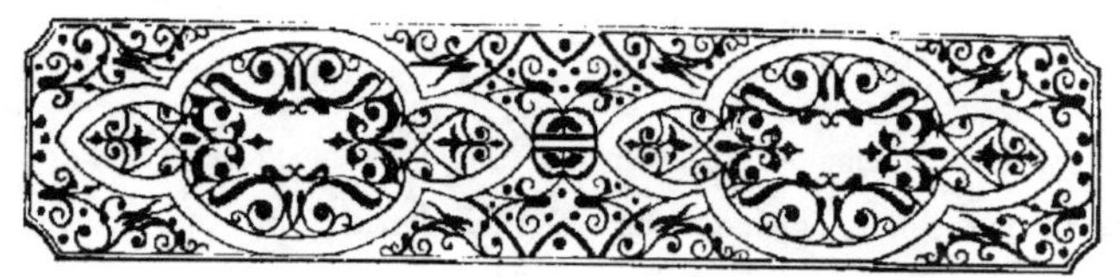

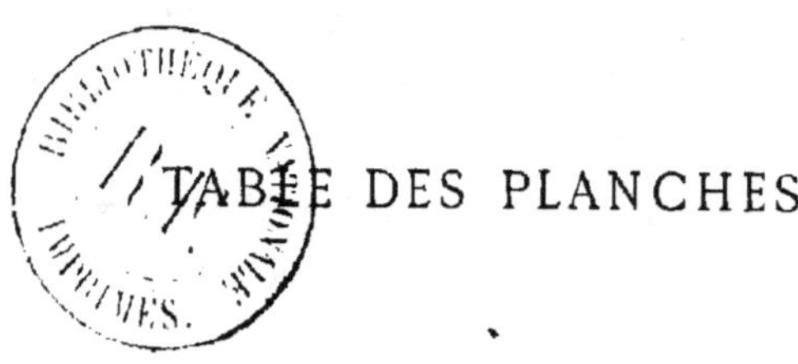

# TABLE DES PLANCHES

Paris. — J. Claye, imprimeur, 7, rue Saint Benoît. — [2125]

www.ingramcontent.com/pod-product-compliance
Lightning Source LLC
LaVergne TN
LVHW020026170826
845678LV00001B/134

* 9 7 8 2 3 2 9 7 7 0 3 9 0 *